Lutz Partenheimer

Albrecht der Bär

und die Entstehung Brandenburgs

Märkische Lebensläufe

Band 1

Verlag für Regional-
und Zeitgeschichte

Bibliografische Information der Deutschen Nationalbibliothek:
Die Deutsche Nationalbibliothek verzeichnet diese Publikation in der Deutschen Nationalbibliografie; detaillierte bibliografische Daten sind im Internet über http://dnb.dnb.de abrufbar.

1. Auflage 2021

Inhaber: Marcel Piethe, Rahnsdorfer Str. 26, 12587 Berlin.
Redaktionsschluss: November 2021
Redaktion: Marcel Piethe
Umschlag und Satz: typegerecht berlin
Herstellung: Manuel Lindinger, Verlag für Regional- und Zeitgeschichte
Gedruckt in der EU

ISBN: 978-3-948052-15-7

www.die-mark-brandenburg.de

Inhalt

Geleitwort

Als Chef des Hauses Anhalt-Askanien freue ich mich besonders über dieses Buch. Dass mein im 12. Jahrhundert lebender Vorfahre Albrecht der Bär nicht in Vergessenheit geriet, verdanken wir vor allem dem Autor Dr. Lutz Partenheimer. Er ist ein ausgewiesener Fachmann für die mittelalterliche Geschichte Brandenburgs und Anhalts sowie der wohl beste Kenner der Vita des Markgrafen. Deswegen schlug ich ihn auf Empfehlung einiger seiner damaligen Studenten, die er in Seminaren und auf zahlreichen Exkursionen mit den frühen Generationen meiner Familie und ihren Landesherrschaften bekannt gemacht hatte, im April 2016 auf Schloss Ballenstedt zum Ritter des Askanischen Hausordens Albrecht der Bär. Dieser 1170 gestorbene Fürst legte den Grundstein für die Entstehung der Mark Brandenburg und der heutigen Bundeshauptstadt Berlin.

Für uns Askanier gehört Albrecht zu den wichtigsten Vorfahren. Auf ihn gehen alle Linien unseres Hauses zurück. Unsere mittelalterliche Dynastie begann mit den Grafen von Ballenstedt und Anhalt, gewann immer mehr an Macht und verzweigte sich zu den Markgrafen von Brandenburg, den Grafen von Weimar-Orlamünde, den Herzögen und Kurfürsten von Sachsen (Wittenberg), den Herzögen von Sachsen (Lauenburg) sowie den Fürsten, dann Herzögen von Anhalt. Diese letzte Linie der Askanier regierte Anhalt bis 1918.

Zu seinem 850. Todestag am 18. November 2020 gab es mehrere Projekte, die nun an Albrecht, den Grafen von Ballenstedt und Aschersleben und ersten Markgrafen von Brandenburg, erinnern: 2019 fand auf Schloss Ballenstedt eine Tagung statt, im Hof der Anlage wurde ein Denkmal Albrechts des Bären enthüllt und im Mai 2021 eine neue Ausstellung im Bereich der Gruft eröffnet.

Im Jahre 1994 erschien der erste Aufsatz unseres Autors, des Historikers Lutz Partenheimer von der Universität Potsdam, in dem er sich mit Albrecht dem Bären beschäftigte. 2001 veröffentlichte er eine Biographie des Markgrafen. Nun liegt uns hier auf Bitten des Verlages aus der Feder des Autors ein kleineres Buch über Albrecht vor, das in erster Linie für ein breiteres Publikum gedacht ist. Ich hoffe, dass es Lutz Partenheimer dadurch gelingt, viele Menschen, die mehr über die hochinteressanten Anfänge der brandenburgischen und der anhaltischen Geschichte erfahren wollen, an das spannende Leben Albrechts des Bären heranzuführen.

Daher wünsche ich diesem Buch viel Erfolg und zahlreichen Lesern viel Freude daran!

Eduard Prinz von Anhalt Herzog zu Sachsen

Vorwort

Am 18. November 2020 jährte sich der Todestag Albrechts des Bären zum 850. Male. Vor allem den geschichtsbewussten Menschen in Brandenburg (Berlin selbstverständlich eingeschlossen) und Sachsen-Anhalt ist dieser im 12. Jahrhundert lebende Angehörige des deutschen Fürstenhauses der Askanier als Graf von Ballenstedt und Aschersleben, hauptsächlich aber als erster Markgraf von Brandenburg bekannt. Anlässlich des Jubiläums gab es eine Reihe von bereits im Geleitwort genannten Projekten. Allerdings scheiterte die seit 2013 geplante Aufstellung einer Kopie der Statue des Markgrafen, die von 1906 bis 1917 vor der Kirche in Werben (Elbe) stand, 2020 im letzten Moment am dortigen Stadtrat, obwohl der das Vorhaben zunächst mehrfach beschlossen hatte. Dafür erschien im vorigen Jahre der Band, der die Vorträge der Ballenstedter Tagung von 2019 enthält. Außerdem wurde am 20. September 2020 der „Albrechtsweg" eröffnet, der als 17 Kilometer langer Rundkurs von Ballenstedt zur Ruine der Burg Anhalt und zurück führt.

Als mich Marcel Piethe vom Verlag „Die Mark Brandenburg – Verlag für Regional- und Zeitgeschichte" am 13. April 2021 bat, ein kleines Buch über den Markgrafen für einen breiteren Leserkreis zu verfassen, ließ ich alles liegen und begann sofort zu schreiben.

Ich danke Prof. Dr. Christina Meckelnborg sowie Dr. Detlev Zimmermann für Hinweise, meinem Freund Ralf Zimmer für seine Unterstützung bei der Erstellung des Registers und dem Verleger Marcel Piethe für dessen Engagement. Bei der Beschaffung der Abbildungen halfen mein Freund Stefan Luboschik, Karl-Heinz Meyer, Dr. Frank Reisberg, Reinhard Schmitt und Michael Schnelle, außerdem das Landesarchiv Sachsen-Anhalt, das Domstiftsarchiv in Brandenburg an der Havel, das Stadtarchiv Goslar, das Zentrum für Mittelalterausstellungen Magdeburg und das Brandenburgische Landesamt für Denkmalpflege.

Auch dafür danken Verlag und Autor.

Dieses Buch ist Seiner Hoheit, dem Prinzen Eduard von Anhalt, Herzog zu Sachsen, Großmeister des Askanischen Hausordens Albrecht der Bär, zum 80. Geburtstag am 3. Dezember 2021 gewidmet.

Potsdam, am 17. August 2021 Lutz Partenheimer

Späte Ehrungen des Markgrafen

Der Hausorden Albrechts des Bären

Im Februar des Jahres 1837 stifteten die Herzöge Heinrich von Anhalt-Köthen (1830–1847), Alexander Carl von Anhalt-Bernburg (1834–1863) und Leopold IV. Friedrich von Anhalt-Dessau (1817–1871) den „Herzoglich Anhaltischen Gesamthausorden Albrechts des Bären". Allerdings trägt die Gründungsurkunde als Datum den 18. November 1836. Das war der 666. Todestag des Ordenspatrons. 800 Jahre zuvor, 1036, erschien in den schriftlichen Quellen erstmals ein Graf Esico, das älteste namentlich bekannte Mitglied des deutschen Fürstenhauses der Askanier, zu dem Albrecht der Bär und die Herzöge von Anhalt gehören. Doch an Esico dachte man bei der Stiftung wohl weniger. Eher dürfte von Bedeutung gewesen sein, dass Herzog Wilhelm von Braunschweig (1830/31–1884) am 25. April 1834 den „Herzoglich Braunschweigischen Hausorden Heinrichs des Löwen" gegründet hatte. So setzte sich die im 12. Jahrhundert bestehende Rivalität zwischen Albrecht dem Bären und Heinrich dem Löwen in abgeschwächter Form fort.

Das Vorbild solcher Hausorden sind die Ritterorden, die dem Schutz der christlichen Reiche dienten, die im Zusammenhang mit dem ersten Kreuzzug (1096–1099) im Heiligen Land ent-

Abb. 1: Askanischer Hausorden, Ordensdekorationen

standen waren. Mit der Aufnahme ehrten die Fürsten fremde Herrscher sowie Generäle, Offiziere, seit dem 19. Jahrhundert auch Wissenschaftler, Lehrer, Beamte und Künstler, die sich um Land und Dynastie verdient gemacht hatten. Die Mitglieder waren zudem ihren Regenten in besonderer Weise verpflichtet. Bekannt ist der „Hohe Orden vom Schwarzen Adler" (Schwarze Adlerorden), den Kurfürst Friedrich III. von Brandenburg (1688–1713) am 17. Januar 1701, dem Vortag seiner Selbstkrönung zum König in Preußen, stiftete.

Prinz Eduard von Anhalt, Herzog zu Sachsen, der Chef des Hauses Anhalt-Askanien, erneuerte den seit 1863 „Herzoglich Anhaltischer Hausorden Albrechts des Bären" genannten Orden als dessen Großmeister 2008/2016 unter dem Namen „Askanischer Hausorden Albrecht der Bär". Von diesem stammt Prinz Eduard in 23. Generation in direkter männlicher Linie ab; er ist der Sohn Joachim Ernsts, des letzten Herzogs von Anhalt (13.9.–12.11.1918).

Denkmäler

Unter Kaiser Wilhelm II. (1888–1918) erhielt der Gründer der Mark Brandenburg gleich mehrere Standbilder. 1894 fand eine Bronzestatue Albrechts des Bären ihren Platz in Berlin an der Fischerbrücke zwischen der Fischerinsel und dem Mühlendamm. Auf ausdrücklichen Wunsch des Kaisers schuf sie Johannes Boese. Weil 1936 ein Ausbau des Mühlendammes begann, kam das Denkmal zwei Jahre später ins Märkische Museum und wurde 1945 oder 1946 eingeschmolzen.

Die Statue gefiel Wilhelm II. so gut, dass er 1895 an seinem Geburtstag, dem 27. Januar, verkündete, Berlin marmorne Standbilder der brandenburgisch-preußischen Herrscher von 1157 bis 1888 zu schenken. Den Auftrag zur Gestaltung Albrechts des Bären erhielt auf Wunsch Seiner Majestät Walter Schott. Wilhelm II. zeichnete dafür Kostümstudien, die er dem Bildhauer überreichte. Die Enthüllung des Denkmals erfolgte 1898 in der 1873 im Berliner Tiergarten angelegten Siegesallee. 1930 schrieb Walter Schott: „Da von [...] Albrecht dem Bären nur ein Siegel existierte, das ebenso gut ein Pfund Wurst wie ein Gesicht darstellen konnte, habe ich bei Albrecht dem Bären ein ganz klein bißchen in den Spiegel geguckt und meinen Kopf verwandt."

Dem Gründer der Mark Brandenburg gegenüber stand das letzte der Denkmäler, von denen sich je 16 zu beiden Seiten der Siegesallee befanden. Es war eine 1901 enthüllte Statue Kaiser Wilhelms I. (1861–1888), des Gründers des Deutschen Kaiserreiches (1871) und Großvaters Wilhelms II. Heute sind die Skulpturen auf der Zitadelle Spandau zu sehen.

1899 errichtete man im ehemaligen Stadtpark von Ballenstedt auf dem kleinen Ziegenberg ein Bronzedenkmal Albrechts des Bären von Arthur Schulz. Die Höhe betrug mit dem Sockel

Abb. 2: Denkmal Albrechts des Bären von Walter Schott (Berliner Siegesallee)

Abb. 3: Denkmal Albrechts des Bären in der Berliner Siegesallee (heute Zitadelle Spandau)

Abb. 4: Denkmal Albrechts des Bären in Ballenstedt (1899)

sieben Meter. Das Schwert war eine genaue, allerdings vergrößerte Nachbildung der Waffe, die 1880 bei der Entdeckung des wahrscheinlichen Grabes des Markgrafen in seinem Sarkophag gelegen hatte.

Die Skulptur verschwand 1951 und wurde wohl eingeschmolzen. 1997 stellte Ballenstedt eine Sandsteinkopie von Frithjof Meussling auf, die allerdings bald darauf Schäden durch Vandalismus erlitt. 2020 erfolgte eine Sanierung.

1905 schenkte der Kaiser der Stadt Werben in der Altmark zur Feier des 900. Jubiläums ihrer ersten schriftlichen Erwähnung ein Bronzedenkmal Albrechts des Bären. Es handelte sich um eine Kopie der Marmorstatue in der Berliner Siegesallee. Die 1906 enthüllte Replik wurde 1917 zum Einschmelzen für die

Abb. 5: Denkmal Albrechts des Bären in Werben an der Elbe (1906–1917)

Kriegsproduktion abgebaut. Doch dazu kam es nicht. Noch 1931 hätten die Werbener ihren Albrecht wieder zurückholen können, was sie aber ablehnten. So schmolz man das Denkmal schließlich doch ein. Seit 2013 verfolgten engagierte Männer aus der Region im Arbeitskreis „Albrecht der Bär" und vom Altmärkischen Heimatbund den Plan, 2020 eine Nachbildung in Werben aufzustellen. Der Stadtrat beschloss das Projekt 2014 und 2018, verwarf es aber im letzten Moment. Die Mehrheit der Werbener Stadtväter ließ sich offenbar von einer Handvoll Wochenend-Werbenern ins Bockshorn jagen, die Albrecht den Bären plötzlich als „Slawenschlächter" brandmarkten. Das beweist, dass sie sich nie tiefgründig mit ihm beschäftigten. Aber wie recht häufig (und das nicht nur in der Politik) entsteht auch hier der

Eindruck, dass auf der soliden Basis fehlender Sachkenntnis ein geradezu erstaunliches Sendungsbewusstsein erwuchs, das Fachleute den Kopf schütteln lässt und andere einschüchtert. Obendrein scheint die Mehrheit des Stadtrates die Bedeutung Albrechts des Bären für die Region kaum erfasst zu haben. Dabei verwiesen die Vorträge einer Tagung in dem Ort 2014 auf seine diesbezüglichen Leistungen. Und nun will Werbens Bürgermeister auch noch das Gelände der Komturei verschleudern.

Im Vergleich dazu lässt Arneburg gerade ein Denkmal des ostfränkischen Königs Heinrich I. (919–936) durch Eckhard Herrmann gestalten. Anlass ist die angeblich von Heinrich 925 befohlene Errichtung der Arneburg. Allerdings müssten das die braven Arneburger mit zeitgenössischen Urkunden oder Chroniken belegen – was ihnen jedoch kaum gelingen dürfte, weil es solche Quellen nicht gibt. Hier hätte ein Blick in das Historische Ortslexikon der Altmark geholfen. Die Arneburg erscheint schriftlich erstmals zu 978, weil die Chronik des Bischofs Thietmar von Merseburg für dieses Jahr den Tod eines Grafen von Arneburg verzeichnet. Da der Autor an dem Werk bis zu seinem Tod 1018 arbeitete, könnte er die betreffende Information noch kurz vor dem Ableben notiert haben. Gesichert ist allerdings der Aufenthalt Kaiser Ottos III. (983–1002) im Juni 997 auf der Arneburg, weil er dort damals mindestens drei Urkunden ausfertigen ließ. Und das ist 2022 immerhin 1025 Jahre her. Man könnte also auf der Arneburg schnell noch ein Denkmal Kaiser Ottos III. aufstellen.

Im Ballenstedter Schlosshof steht seit 2019 eine Bronzestatue Albrechts des Bären von Jochen Müller – allerdings neben dem Sockel …

Abb. 6: Denkmal Albrechts des Bären auf dem Ballenstedter Schlosshof (2019)

Donacio Pulkritze patri in [Biblia] Registro [Ottonis] Marchionis omne ius Polkeritz

In nomine sancte et individue trinitatis. Ego Otto secundus dei gratia Marchio in Brandenborch. Cum
bona quedam irrevocabiliter ad honorem dei. Nec non eius genitricis Sanctorum quoque apostolorum Petri et Pauli in Ilse-
neborch. Nec non ad utilitatem fratrum in eodem cenobio deo militantium contulimus ut rata et inconvulsa
permaneant auctoritate nostra confirmamus. Considerantes ergo ex elemosinarum largitate salutem animarum
plerumque consistere. Deo pro delictis nostris offerre decrevimus que de munificentia ipsius accepimus. Indignum ad
restituendam apud eosdem fratres nostre et parentum nostrorum perpetuam memoriam. Locum igitur ville iusticiam in Pulcritz
que marrecht vulgo nuncupatur et ad nostram pertinet iurisdictionem pro necessitate fratribus integre elargiamus.
Et ut in posterum nullus nostrorum heredum aut succedentium Marchionum valeat immutare munimine
presentis pagine confirmamus. Sigilli quoque nostri impressione corroboramus. Et quia abundans cautela non nocet
istorum presentiam trahimus in testimonium Gerardus de Voulme et fratris sui Bernhardi. Conradi de Burch
Hermanni de Spiter. Conradi camerarii. Theoderici dapiferi. Rudolphi pincerne et aliorum quorum
sufficientia et camerarie. Data sunt hec anno dominice incarnationis M° C° lxxxviii indictione vi in Nendorb

Donacio libertatis bonorum in Pulkritz

~~In nomine sancte et individue trinitatis. Ego Adelbertus dei gratia Comes in Arneborch. Universis ecclesie fide-
libus in perpetuum. Noverit universitas fidelium tam presentium quam futurorum. Quod consideratis et discussis mutabilibus
temporalibus nichil perpetuum nichil salutiferum sed pereuntis seculi lenia et miserabilia ... blandimenta~~

De libertate bonorum Pulcritz

In nomine sancte et individue trinitatis. Ego Adelbertus dei gratia Marchio in Brandenborch. Universalis
ecclesie fidelibus in perpetuum. Noverit fidelium universitas tam presentium quam futurorum. Quod nos divine remunerationis
intuitu simul et petitione Sygheboldi venerabilis abbatis in Ilseneborch omniumque fratrum eiusdem
cenobii bona eorum in Pulcritz culta et postmodum colenda ab omni servicio quo nobis servire tenebantur
perpetualiter absolvimus. Sub ea videlicet vicissitudinis specie. Ut ipsi plenum nobis sue fraternitatis consortium
fideliter persolvant. Et in hiis que sunt ad deum nobis et posteris nostris assidua sedulitate orationibus et precibus
assistant. Ut autem hec nostra donacio rata et inconvulsa futuris postmodum temporibus permaneat sigilli nostri
impressione corroboravimus. Et domini Halberstadensis episcopi Oderici cuius peticioni subiacent banno suo confirmare rogavimus.
Adhibitis ydoneis testibus quorum nomina subter annotata sunt. Walo episcopus in Havelberghe. Wernerus
comes de Osterborch. Hinricus de Ludolve. Fredericus de Gungraden. Adelbertus de Swartzholte
et alii quam plures. Data anno dominice incarnationis M° C° lviii indictione vi. Actum Werbene v nonas
octobris presente filio meo Ottone et parvulis donacionem feliciter assenciente. In nomine domini Amen.

In nomine sancte et individue trinitatis. Ego Adelbertus dei gratia comes in Arneborch. Universis ecclesie
fidelibus in perpetuum. Noverit universitas fidelium tam presentium quam futurorum. Quod consideratis et discussis mutabilibus
temporalibus nichil perpetuum nichil salutiferum sed pereuntis seculi lenia et miserabilia ... blandimenta.
Unde stabilitatis aliquid sollicite edificare fundamentum desideravimus. Ut precipue fieret divini obsequii
et orationum fratrum in Ilseneborch. Et quemadmodum dominus meus Adelbertus pie memorie primus Marchio
in Brandenborch bona eorum in Pulcritz ab omni iure quo ei tenebantur plenissime absolvit. Ita
et nos ad exemplum ipsius ab omni iure si quod erat quo nobis teneri videbantur bona eorundem fratrum in
Polcritz plene et a quibuslibet exactionibus absolvimus exactores. Nulla persona bedelli et officiales nostri
rogandi precipiendi sive ~~...~~ sollicitandi excepto nostra habeant auctoritatem. Nulla nobis ibi
sint hospicia. Nulla exactionis servicia sed bona predictorum fratrum sive culta sive inculta sive postmodum
colenda usibus eorum serviant perpetua in futurum. Ut autem hec nostra donatio inconvulsa futuris postmodum
permaneat temporibus sigilli nostri impressione roboravimus. Adhibitis ydoneis testibus quorum nomina subter
annotata sunt. Rodgerus de Puklinge. Conradus de Beliz. Theodericus dapifer. Heydenricus et
Adelbertus de Bentfelde. Alardus de Arnhem. Heynricus de Westbetsen. Johannes de Elsenslage.
Hinricus de Rorbeke. Wolradus et Theodericus de Erkstede et alii quam plures. Anno dominice incarnationis
M° C° iii°. Conscripta a Godefrido cive nostro capellano.

Die Bedeutung des Markgrafen

Zu Zeiten Kaiser Friedrichs I. Barbarossa (1152–1190) ließ im deutschen Königreich ein Fürst erstmals eine Urkunde als Markgraf von Brandenburg ausstellen (*ego Adelbertus Dei gratia marchio in Brandenborch* – „ich, Adelbert, durch Gottes Gnade Markgraf in Brandenburg"). Das Schriftstück wurde am 3. Oktober 1157 in Werben an der Elbe in der Altmark aufgesetzt. So heißt diese Landschaft in den Quellen allerdings erst seit dem 14. Jahrhundert. Bis 1815 gehörte die Altmark zur Mark Brandenburg. Wie fast im gesamten Mittelalter – worunter man meist die Zeit zwischen 500 und 1500 versteht – üblich, schrieb ein Geistlicher den Text der Urkunde mit Feder und Tinte in lateinischer Sprache auf Pergament, also bearbeitete Tierhaut. Vielleicht gehörte er zur Begleitung Bischof Walos von Havelberg (1155–1177/78). Der erscheint als erster der Zeugen, deren Namen und Titel häufig (gestaffelt nach ihrem Rang) am Ende solcher Dokumente stehen. In jener Zeit lernten in der Regel nur angehende Geistliche lesen und schreiben. Die beiden uns heute selbstverständlich erscheinenden Fähigkeiten fehlten also fast allen anderen Menschen – auch den meisten Kaisern, Königen und Fürsten –, was sie aber kaum gestört haben dürfte. Dieser Zustand scheint in unseren Tagen zurückzukehren …

Ob es noch ältere Urkunden Albrechts des Bären gab, in

Abb. 7: Erste Selbstbezeichnung Albrechts des Bären als Markgraf von Brandenburg, 3.10.1157

denen er sich als Markgraf von Brandenburg bezeichnen ließ, wissen wir nicht. Das Originalpergament vom 3. Oktober 1157 ist verschollen. Wir kennen seinen Wortlaut aber, weil er im 15. Jahrhundert im Kloster Ilsenburg am Harz in ein sogenanntes Kopialbuch eingetragen wurde, das heute in Wernigerode liegt. Mit solchen Abschriften wollten die Mönche für den Fall des Verlustes von Urkunden, z. B. durch Plünderungen oder Brände, die Texte der Verleihungen von Besitzungen und Privilegien sichern, die sie im Laufe der Zeit erhalten hatten. Albrecht der Bär war Vogt dieses Klosters, das auch Güter in der Altmark besaß, um die es in dem Dokument ging. Offenbar hatte sie der Konvent, also die Gemeinschaft aller Brüder in Ilsenburg, vom Markgrafen erhalten. Der sollte als Vogt dieses Kloster, aber auch andere, für die er das gleiche Amt versah, beschützen. Außerdem war er der Richter der Bauern, die in den Dörfern lebten, die dem Konvent gehörten. Das damalige Recht verband die verhängten Strafen häufig mit Blutvergießen. Sie wurden öffentlich vollzogen und sollten abschreckend wirken. Daher fällten in der Regel keine Geistlichen – wie der Abt eines Klosters – solche harten Urteile. Damit aber Bauern bei Vergehen die dafür vorgesehenen Strafen auch erhielten, wenn sie auf Gütern kirchlicher Einrichtungen arbeiteten, übten für diese weltliche Adlige als Vögte das Amt des Richters aus.

Weniger die zunächst noch recht bescheidenen Anfänge der auf slawischem Boden entstandenen Mark Brandenburg sichern Albrecht dem Bären aus dem deutschen Fürstenhaus, das man später „Askanier" nannte, einen Platz unter den „Männern, die Geschichte machen" (Heinrich von Treitschke). Deren Handlungsspielraum wird natürlich von anderen Gewalten, die ihre Ziele verfolgen, beeinflusst. Zu ihnen gehörten damals der König, benachbarte Fürsten, Bischöfe, weitere Adlige, andere

Abb. 8: Kloster Ilsenburg

Linien der eigenen Familie usw. Und wie sie war selbstverständlich auch Albrecht der Bär bei der Durchsetzung seiner Pläne und der Abwehr der diesen zuwiderlaufenden Handlungen anderer Herrschaftsinhaber von den militärischen, finanziellen sowie wirtschaftlichen Möglichkeiten abhängig, die ihm zur Verfügung standen.

Die bei ihrer Gründung noch recht kleine Mark Brandenburg sollte sich bald zum bedeutendsten Fürstentum im Nordosten des deutschen Königreiches entwickeln. Albrechts Nachfolger erweiterten ihr Territorium bis in die zweite Hälfte des 13. Jahrhunderts über die Oder nach Osten, auch nach Norden und Nordosten. Im genannten Zeitraum erreichten die Markgrafen von Brandenburg sogar die Aufnahme in die Gruppe der sieben

Kurfürsten. Auf diese hatte sich von 1198 bis 1298 das Recht zur Wahl des deutschen Königs eingeengt. Die bekannte Goldene Bulle, eine Urkunde Kaiser Karls IV. (1346–1378) aus dem Jahre 1356, schuf das Kurfürstenkollegium nicht, sondern bestätigte es.

Lange danach gelang den Markgrafen von Brandenburg eine Erwerbung, die die Grundlage für ihren weiteren Aufstieg bilden sollte. Inzwischen beherrschte eine andere Dynastie das Land. Es war nach dem Aussterben der brandenburgischen Askanier 1320 von König Ludwig IV. (1314–1347) aus dem Hause der bayerischen Wittelsbacher 1323 seinem ältesten Sohn gegeben worden. Diesem folgten nacheinander zwei Brüder als Markgrafen. Dem Letzten nahm Karl IV., ein Luxemburger, das Territorium 1373 ab, um es seinen Söhnen zu verleihen. Einer von ihnen, König Sigismund (1410/11–1437), erhob den Burggrafen Friedrich VI. von Nürnberg († 1440) 1415 zum Markgrafen und Kurfürsten von Brandenburg. Der gehörte zum Hause Hohenzollern, das die Mark bis 1918 regierte.

Obwohl das Land immer wieder schwierige Zeiten erlebte, gelang Friedrichs Nachfolgern ein steiler Aufstieg: 1618 fiel ihnen das Herzogtum Preußen (Ostpreußen) mit der Hauptstadt Königsberg zu, weil damals dessen Regent, der zu einer anderen Linie der Hohenzollern gehörte, ohne Söhne starb. Dieses Territorium lag außerhalb des Heiligen Römischen Reiches (deutscher Nation). Als später Kurfürst Friedrich III. von Brandenburg (1688–1713) König werden wollte, ja aus seiner Sicht musste – schließlich trug Kurfürst August der Starke von Sachsen (1694–1733) aus dem Geschlecht der Wettiner seit 1697 die polnische Krone –, nannte er sich ab 1701 König Friedrich I. in Preußen, nicht König von Brandenburg. Denn der Regent Brandenburgs war zumindest von Rechts wegen immer noch ein Vasall des deutschen Königs und Römischen Kaisers. Über dem Herzog von Preußen aber stand niemand, nachdem Friedrichs Vater, Friedrich Wilhelm, der Große Kurfürst (1640–1688), 1657/60 die polnische Lehnshoheit über Ostpreußen beendet hatte. Der neue Titel lautete „König in Preußen“, weil Westpreußen (um Danzig) damals noch zu Polen gehörte.

Da die Königswürde höher war als Friedrichs Ämter Markgraf und Kurfürst, die er natürlich behielt, dehnte sich die Bezeichnung „Preußen“ seit 1701 auf alle Gebiete aus, die die Hohenzollern von Berlin, der Hauptstadt der Mark Brandenburg, aus regierten. Diese galt nun als Kernland des zunächst eigentlich nur Ostpreußen umfassenden Königreiches Preußen, das Friedrich der Große (1740–1786) bei der ersten Teilung Polens 1772 um Westpreußen erweiterte.

Zwar wurden die Titel Markgraf und Kurfürst, die die Hohenzollern für Brandenburg trugen, 1806 durch die Auflösung des Heiligen Römischen Reiches (deutscher Nation) gegenstandslos, doch das Königreich Preußen bestand weiter. Bei seiner Neuordnung nach dem endgültigen Sieg über Napoleon bildete man 1815 innerhalb des Staates Provinzen, u. a. Brandenburg und Sachsen. In diese kam ein großer Teil der Gebiete, die Sachsen damals an Preußen abtreten musste, weil es noch in der Völkerschlacht bei Leipzig 1813 für die Franzosen gekämpft hatte. Leider trennte man dabei die Altmark von Brandenburg und schlug sie der neuen preußischen Provinz Sachsen zu. Diese verschmolz nach dem Zweiten Weltkrieg mit dem ehemaligen Herzogtum Anhalt zum Land Sachsen-Anhalt.

Nach den Siegen über Dänemark (1864), Österreich (1866) und Frankreich (1870/71) einigte der preußische Ministerpräsident Otto von Bismarck Deutschland. Äußerst widerwillig ließ sich König Wilhelm I. von Preußen (1861–1888) am 18. Januar

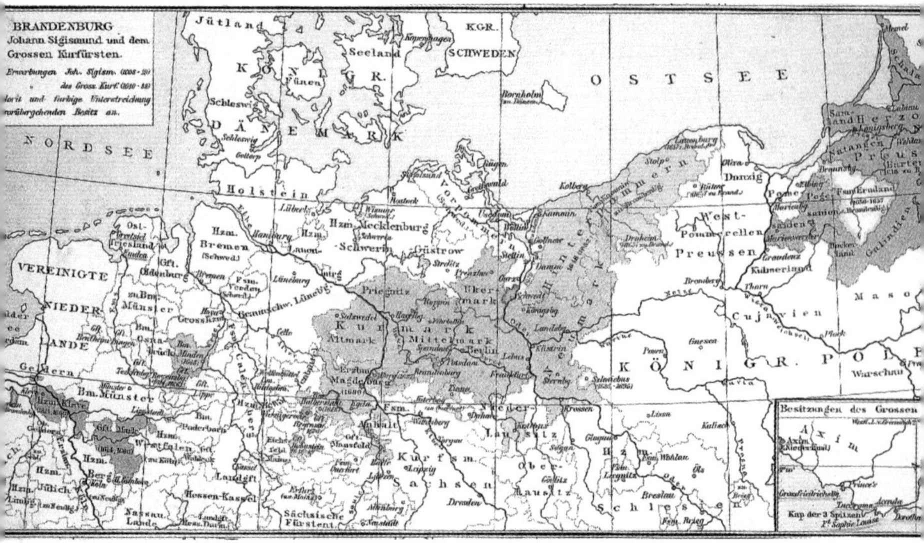

Abb. 9: Karte: Brandenburg-Preußen

1871 im Spiegelsaal des Schlosses Versailles zum Deutschen Kaiser ausrufen. Er fürchtete, dass Preußen in Deutschland aufgehen würde. Doch Bismarck ließ nicht locker und übernahm das Amt des Reichskanzlers.

Vor allem wegen der späteren, durch Höhen und Tiefen gekennzeichneten Entwicklung des von ihm begründeten Fürstentums zum „Kernland Preußens" erhielt Albrecht der Bär nicht nur Denkmäler, sondern auch Biographien. Zuerst erschien 1730 in Berlin von Jacob Paul Freiherrn von Gundling eine Abhandlung mit dem für diese Zeit üblichen bombastischen Titel: *Leben und Thaten Des Durchlauchtigsten Fürsten und Herrn, Herrn Albrechten Des Ersten, Marggrafen zu Brandenburg, Aus dem Hause Ascharien Und Ballenstädt. Aus den Schrifften selbiger Zeit Diplomatibus und Urkunden beschrieben*. Gundling war ein hochgelehrter Mann, allerdings dem Alkohol sehr zugetan. Er spielte im Tabakskollegium König Friedrich Wilhelms I. in Preußen, des sogenannten Soldatenkönigs (1713–1740), eine Art Hofnarrenrolle.

1864 veröffentlichte Otto von Heinemann, ein äußerst verdienstvoller Lehrer, Archivar, Historiker und Bibliothekar, die nach heutigen Maßstäben – also gestützt auf die zeitgenössischen Quellen – erste wissenschaftliche Biographie des Markgrafen: *Albrecht der Bär. Eine quellenmäßige Darstellung seines Lebens*. Zudem gab der Autor von 1867 bis 1883 auf Befehl Herzog Leopolds IV. Friedrich von Anhalt (1817–1871) die sechs Bände des *Codex Diplomaticus Anhaltinus* heraus. Im ersten Teil sind die Urkunden abgedruckt, die Albrecht der Bär ausstellen ließ, und die der Könige sowie anderer Fürsten, in denen er genannt wird.

2001 erschien mein Buch *Albrecht der Bär. Gründer der Mark Brandenburg und des Fürstentums Anhalt*, das die Grundlage dieser Kurzfassung bildet und die hier fehlenden Nachweise enthält.

Die Abstammung

Albrecht der Bär wurde um 1100 geboren. Das Jahr und der Ort sind unbekannt. Solche Informationen notierte damals selbst bei den Männern niemand, die später zu Herrschern aufstiegen. Im Hochmittelalter, also in der Zeit vom 11. bis zum 13. Jahrhundert, erscheinen in den schriftlichen Quellen meist nur Kaiser, Könige, Fürsten, Grafen, Ritter, Bischöfe, Äbte bzw. Äbtissinnen. Sie tauchen in Urkunden auf, in denen ihr Name unter den Zeugen steht oder die sie selbst ausstellen ließen. Angehörige der genannten Stände finden wir auch in mittelalterlichen Chroniken, z. B. als Teilnehmer einer Schlacht, einer Belagerung, eines Turniers, eines Hoftages bzw. ähnlicher Ereignisse. Könige und Fürsten konnten sich damals ihrem Volk ja nicht in den Medien zeigen. Von großer Bedeutung waren stattdessen die Hoftage. Diese hielten die Herrscher an wechselnden Orten ab und luden dazu die Großen der betreffenden Gebiete ein. Mit ihnen berieten sie wichtige Angelegenheiten und hielten Gericht. Sie bestraften unbotmäßige Vasallen und versuchten, sich die treuen durch Geschenke, Gewährungen von Privilegien und Belehnungen noch mehr zu verpflichten. Das war natürlich nicht ganz ungefährlich. Denn je stärker ein Vasall wurde, desto leichter konnte er eigene Ziele – auch gegen die Krone – verfolgen. Bei solchen feierlichen Zusammenkünften demonstrierten

Abb. 10: Hoftag Barbarossas (Darstellung aus dem 14. Jahrhundert)

Zahl, Kleidung, Waffen, Rüstungen und Rang der Angehörigen des Gefolges, bestimmte Gesten und Verhaltensweisen während der Verhandlungen und der Ritterspiele, an der Tafel sowie auf Jagden nach ungeschriebenen, traditionellen Regeln Stellung, Ehre, Macht und Ansehen der adligen Teilnehmer.

Eigentlich hieß Albrecht der Bär Adalbert. Den Beinamen erhielt er schon zu Lebzeiten – wie aus der sogenannten Slawenchronik hervorgeht. Diese verfasste Helmold, ein Pfarrer des nördlich von Lübeck gelegenen Dorfes Bosau, kurz vor 1170, dem Todesjahr Albrechts. Ein Kapitel handelt *de Alberto Urso* (von Albert dem Bären). Allerdings ist damit zu rechnen, dass die Überschriften der einzelnen Abschnitte erst durch einen

Abb. 11: Heinrich der Löwe (Heinrichsbrunnen, Braunschweig)

späteren Bearbeiter einfügt wurden. Doch gleich am Anfang des darunter stehenden Textes heißt es: *Adelbertus marchio, cui cognomen Ursus* (Markgraf Adelbert, der den Beinamen „der Bär" hat). Wahrscheinlich wollten ihn die Zeitgenossen so mit Heinrich dem Löwen auf eine Stufe heben. Der war Herzog von Sachsen und Bayern sowie der größte Rivale des Askaniers. Heinrich entstammte dem Geschlecht der Welfen. Er hatte vor seiner Burg Dankwarderode in Braunschweig einen Löwen aus Bronze aufstellen lassen und führte dieses Tier auch auf Siegeln und Münzen. Das kennen wir von Albrecht dem Bären nicht. In seiner Zeit lag Sachsen zwischen dem unteren Rhein und der unteren Elbe. Es darf nicht mit dem heutigen Freistaat bzw. Bundesland verwechselt werden.

Abb. 12: Pfalz Tilleda

Albrechts Vater Otto erscheint 1106 urkundlich als Graf von Ballenstedt. Bei ihm handelt es sich um den dritten namentlich bekannten Angehörigen des deutschen Fürstenhauses der Askanier. Ottos Vater Adalbert war der Sohn eines Grafen Esico, der erstmals in einer Urkunde auftaucht, die Kaiser Konrad II. (1024–1039) am 26. Oktober 1036 auf der Königspfalz Tilleda ausstellen ließ. Zum Schutz dieser Anlage, die den deutschen Herrschern als zeitweiliger Aufenthaltsort diente, entstand im 11. Jahrhundert die gewaltige Reichsburg Kyffhausen auf dem Kyffhäusergebirge.

In der Urkunde ließ der Kaiser seinen Befehl zur Anlage eines Marktes in Cölbigk (westlich von Bernburg) festhalten. Dabei heißt es, dass das Dorf in der Grafschaft des Grafen Esico liegt.

Abb. 13: Reichsburg Kyffhausen (Rekonstruktion)

Dessen Eltern kennen wir nicht namentlich, wissen aber, dass seine Mutter einen Bruder Siegfried hatte, der Sohn Markgraf Hodos (von der sächsischen Ostmark – heute ungefähr die Niederlausitz) war. Die Informationen finden sich in einer um 1150 entstandenen Reichschronik, die von einem Geistlichen stammt, der anscheinend im Osten des damaligen Sachsens lebte. Der Name dieses „Annalista Saxo" (sächsischen Jahrbuchschreibers) ist nicht überliefert. Hodo starb 993 und fand seine letzte Ruhe im Kloster Nienburg (nördlich von Bernburg).

Auch deshalb gehörte er anscheinend zur Familie des Markgrafen Christian. Der hatte eine gewisse Hidda geheiratet. Diese war die Schwester des berühmten Markgrafen Gero († 965), der in Gernrode bestattet wurde. Die Quellen nennen Hodo einen

Abb. 14: Reichsburg Kyffhausen heute (Oberburg)

mächtigen Mann, und daher dürfte dessen Schwiegersohn, Esicos Vater, kein unbedeutender Adliger gewesen sein – worauf Helmut Assing hinwies.

Die Söhne des Markgrafen Christian gründeten 970 bei Mägdesprung im Harz das Kloster Thankmarsfelde, das Kaiser Otto II. (973–983) fünf Jahre später unter den Schutz des Reiches stellte und nach Nienburg verlegte.

Von den Merseburger Grafen Asic bzw. Eziko stammte Esico, der erste namentlich bekannte Akanier, offenbar nicht ab. 936 erscheint ein Asic als Führer der sogenannten Merseburger Legion, die der ostfränkische König Heinrich I. (919–936) aus begnadigten Verbrechern aufstellen ließ. Ein in den Quellen genannter Graf Eziko von Merseburg könnte ein Nachfahre Asics

Abb. 15: Kloster Nienburg

gewesen sein. Allerdings starb Eziko 1004 wohl ohne Erben, denn König Heinrich II. (1002–1024) verlieh die Grafschaft Merseburg einem Pfalzgrafen und behielt Ezikos Eigengüter. Ob die Grafen Ezico und Siegfried, die zu dem Heer gehörten, das der Herrscher 1017 in Leitzkau (bei Zerbst) gegen Polen sammelte, der älteste namentlich bekannte Askanier und dessen Onkel waren, ist offen.

Für die Herkunft der Vorfahren Esicos ziehen wir den Sachsenspiegel heran, den der Ritter Eike von Repgow (Reppichau nordöstlich von Köthen) zwischen 1220 und 1235 verfasste, um die bisher nur mündlich weitergegebenen sächsischen Rechtsgewohnheiten aufzuzeichnen.

Das Werk besitzt ein Vorwort mit dem Titel „Von der Herren

Abb. 16: Stiftskirche Gernrode

Geburt", das allerdings wohl erst rund 40 Jahre später entstand. Dort heißt es bezüglich der auf Albrecht den Bären zurückgehenden Linien der Grafen von Anhalt, der Markgrafen von Brandenburg und der Grafen von Weimar-Orlamünde: „disse vorsten sint alle Swavee" (diese Fürsten sind alle Schwaben). Damit ist als ursprüngliche Heimat der Askanier wohl der im 10. und 11. Jahrhundert erwähnte „Schwabengau" südwestlich von Magdeburg, zwischen Harz, Bode und Saale, gemeint. Der Name konnte bisher nicht schlüssig erklärt werden.

Auch eine Herkunft der Vorfahren Esicos aus dem eigentlichen Schwaben ist möglich: Dessen Herzog Liudolf (950–954) erhielt 951 von seinem Vater, dem ostfränkischen König Otto I. (936–973), den Gau Serimunt. Dort, und zwar in Hohenköthen,

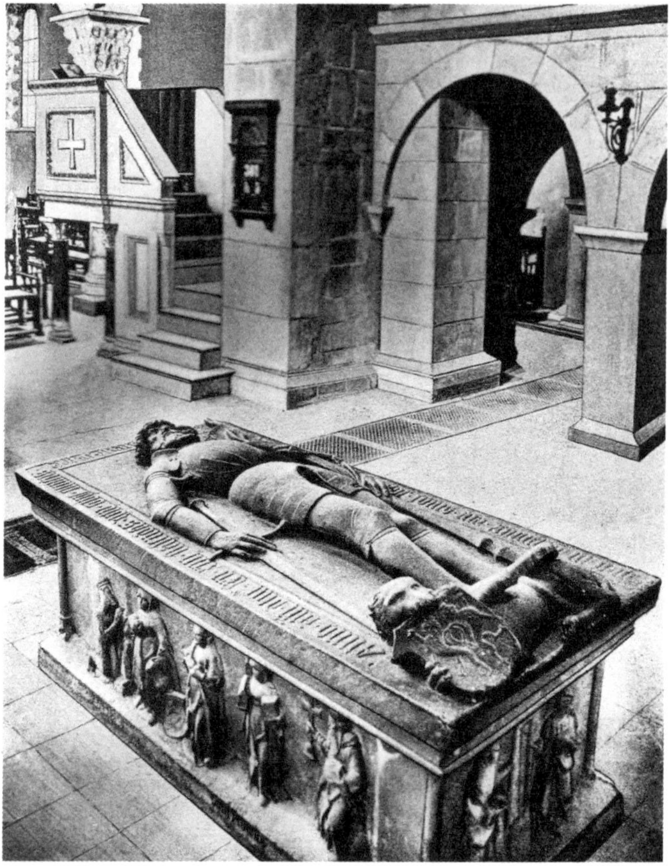

Abb. 17: Stiftskirche Gernrode (Grabmal Geros)

einem verschwundenen Dorf unmittelbar südlich der Köthener Altstadt, lag nach Helmut Assing zu Beginn des 11. Jahrhunderts möglicherweise der Stammsitz der Vorfahren Esicos.

Diese könnten also Adlige aus Schwaben gewesen sein, die auf Befehl Liudolfs in die slawische Landschaft Serimunt kamen, um dort mit einem ersten „deutschen" Landesausbau zu beginnen. Dazu passt auch die Ehe Esicos, der sich mit Mathilde, der Tochter Herzog Hermanns II. von Schwaben (997–1003), vermählte. Deren Schwester Gisela heiratete Kaiser Konrad II. Mathilde vermittelte den Askaniern das Blut der Karolinger, Ottonen und Welfen. Ihre Mutter Gerberga war die Tochter König Konrads I. von Burgund (937–993), eines Welfen, und seiner Gemahlin Mathilde. Diese entstammte der Ehe zwischen König Ludwig IV. vom Westfrankenreich (936–954) (einem Ururenkel Karls des Großen) und Gerberga. Deren Vater war der ostfränkische König Heinrich I.

Esicos Grafentitel und der seines Sohnes Adalbert werden in den Quellen ihrer Zeit nie mit einem Ort verbunden. Wir kennen nur gräfliche Befugnisse, die Esico in der weiteren Umgebung Aschersleben besaß. Allerdings verfügten dort und um Ballenstedt auch die Krone, kirchliche Institutionen sowie andere Grafen über Rechte und Eigentum bzw. Lehen.

Esico gründete offenbar um 1043 auf dem Ballenstedter Schlossberg ein Kollegiatstift für Geistliche, die keine Mönche waren, aber ähnlich lebten. Das geschah wohl nicht nur aus Frömmigkeit, sondern der Askanier brachte – im Gegensatz zu dem Bericht einer gleich genannten Quelle aus dem 16. Jahrhundert – so vielleicht den Ballenstedter Raum überhaupt erst in seine Gewalt. Auch konnte er (oder der Vater) anscheinend einige Besitzungen der zwischen 1032 und 1034 ausgestorbenen Nachkommen des oben erwähnten Markgrafen Christian übernehmen. Die Weihe des Kollegiatstifts erfolgte vermutlich 1053 im Beisein Kaiser Heinrichs III. (1039–1056), eines Neffen Esicos.

Über die Entstehung dieser geistlichen Einrichtung erfahren wir etwas mehr in einer allerdings erst viel später angelegten Quelle. Danach gründete Esico das Stift nämlich in seiner Burg Ballenstedt. So heißt es in einer von Heinrich Basse verfassten

Abb. 18: Schloss Ballenstedt mit Klosterkirche, Kupferstich von 1710

Lobschrift auf die Fürsten von Anhalt. Sie stammt aus dem Jahre 1519 – als im benachbarten Gernrode das Hochgrab für Markgraf Gero († 965) entstand und etwas entfernter Hernán Cortez mit der Eroberung des Aztekenreiches begann. Der Autor bekleidete das Amt des Priors des Benediktinerklosters Ballenstedt, das 1123 aus dem Kollegiatstift hervorgegangen war. Dessen Kirche gestaltete man nach der Umwandlung ungefähr in der Zeit von 1150 bis 1175 um – so der Bauhistoriker Dirk Höhne. Zwischen 1106 und ca. 1171 werden drei Askanier als Grafen von Ballenstedt genannt: Otto, Albrecht der Bär und Adalbert. Es muss dort also eine Burg gegeben haben, doch fehlt von ihr nach Auskunft des Bauhistorikers Reinhard Schmitt bis heute jede Spur. Im 11. und 12. Jahrhundert war im Raum Ballenstedt der Schlossberg natürlich der günstigste Platz für eine solche Anlage. Die Burg erscheint auch nie als Ausstellungsort von Urkunden.

Während des Bauernkrieges wurde das Kloster Ballenstedt Ende 1524 oder Anfang 1525 geplündert und am 14. Oktober 1525 von Abt Matthias Ribke dem Fürsten Wolfgang von Anhalt (1508–1566) übergeben. Der gehörte zu den ersten deutschen Landesherren, die Luthers Lehren angenommen hatten, und zahlte die bisherigen Brüder aus: Der Abt erhielt 800, der Prior 100 und fünf Mönche empfingen jeweils 30 Gulden. Das aufgelöste Kloster diente Fürst Wolfgang und seinen Nachfolgern nun als Unterkunft, vor allem, wenn sie in Ballenstedt zur Jagd weilten. Dafür erfolgten mehrfach Umbauten. 1572 sollen auf Befehl Fürst Joachim Ernsts von Anhalt (1551–1586) die Gräber der in der Ballenstedter Klosterkirche ruhenden Askanier geöffnet worden sein. Ihre meist zu Staub und Asche zerfallenen Gebeine lagen in Steinsärgen. 1748 richtete man im westlichen Teil des Gotteshauses Wohngemächer ein, während auf den Grundmauern des östlichen Bereichs die heutige Schlosskirche entstand. Dabei wurde das Grab Albrechts des Bären geöffnet, in dem sich eine der Münzen fand, die er prägen ließ. Sie zeigt den Markgrafen mit seiner Gemahlin.

Im Zuge des Neubaus verschwand die Klosterkirche, deren Zustand im Kern noch dem des 12. Jahrhunderts entsprach. Seit 1748 sind von ihr lediglich das Westwerk, dessen Sockel als Rest der ursprünglichen Kollegiatkirche aus dem 11. Jahrhundert stammt, und die durch spätere Eingriffe stark beeinträchtigte Krypta erhalten. Das Schloss Ballenstedt diente den Fürsten (ab 1806 Herzögen) von Anhalt-Bernburg von 1765 bis 1855 vor allem im Sommer als Residenz. Der letzte Regent dieser Linie, Alexander Carl (1834–1863), war psychisch krank. Seit 1855 lebte er deshalb zurückgezogen auf Schloss Hoym (nordöstlich von

Abb. 19: Münze Albrechts des Bären (mit Gemahlin)

Ballenstedt). Seine Witwe Friederike nutzte Schloss Ballenstedt noch bis zu ihrem Tode im Jahr 1902.

Graf Esico erscheint wahrscheinlich 1059 letztmals in den Quellen. Dass die Uta, deren bekannte Statue unter den Stifterfiguren im Westchor des Naumburger Domes steht, seine Schwester gewesen sein soll, sagen erst Schriften aus dem 16. Jahrhundert. Es ist nach den Forschungen Dieter Riemers unwahrscheinlich.

Alle auf Esico folgenden Mitglieder seines Hauses sind bekannt, was z. B. für einige der frühen Generationen der erstmals zum Jahre 1061 in einer Chronik erscheinenden Hohenzollern nicht gilt. Zu den Askaniern gehörten u. a. Fürst Leopold I. von Anhalt-Dessau (1693–1747) (der „Alte Dessauer"), der drei

Abb. 20: Schloss Ballenstedt

preußischen Königen als Generalfeldmarschall diente, Kaiserin Katharina die Große von Russland (1762–1796), geboren als Prinzessin von Anhalt-Zerbst, und Leopolds Enkel, Fürst (seit 1807 Herzog) Leopold III. Friedrich Franz von Anhalt-Dessau (1751–1817). Dieser, genannt „Vater Franz“, ließ den Wörlitzer Park anlegen.

Esicos Sohn Adalbert war mit einer Frau aus dem damals mächtigen Geschlecht der Grafen von Weimar-Orlamünde vermählt. 1069 rebellierte er gegen König Heinrich IV. (1056–1106) und kam vorübergehend in Haft. Um 1080 wurde Adalbert erschlagen, wohl als Opfer einer der damals häufigen Adelsfehden.

Sein Sohn ist der erste Askanier, dessen Titel schriftlich

mit einem Ort in Verbindung gebracht wird. Eine Urkunde aus dem Jahre 1106 nennt ihn Graf Otto von Ballenstedt. Im selben Jahre starb dessen Schwiegervater Magnus, der letzte Herzog von Sachsen aus dem Hause der Billunger (1072–1106). Weil die Schwester der Gemahlin Ottos mit Herzog Heinrich dem Schwarzen von Bayern (1120–1126) aus der Familie der Welfen verheiratet war, erlangte diese Dynastie auch in Sachsen Besitz, wodurch dort die Rivalität zu den Askaniern entstand.

Um 1100, als Graf Otto von Ballenstedt und Eilica (niederdeutsch für Adelheid) die Eltern Albrechts des Bären wurden, geschahen Dinge, die dessen Leben beeinflussen sollten: 1099 nahm das Heer des ersten Kreuzzuges, zu dem der Papst vier Jahre zuvor aufgerufen hatte, das von den Mohammedanern besetzte Jerusalem ein. 1100 oder 1101 griff Markgraf Udo III. von der Nordmark (1087–1106) die Lutizen (einen slawischen Stammesverband) an und eroberte die Brandenburg. Sie lag an der Stelle des Domes in Brandenburg an der Havel und fiel nach einer Belagerung von vier Monaten. Und im Reich versuchte König Heinrich V. (1106–1125) seit Ende 1104 seinem Vater, Kaiser Heinrich IV., die Herrschaft zu entreißen.

Da Albrecht der Bär den größten Erfolg im später brandenburgischen Territorium errang, blicken wir nun auf dessen Vorgeschichte.

Im Gebiet der Elbslawen

Zwischen der Ostsee und dem Erzgebirge lebten einst germanische Völker, die den Raum bis zur Mitte des 6. Jahrhunderts ganz oder fast völlig verließen. Kurz vor 700 begann die Einwanderung von Slawen in das Gebiet. Sie kamen in mehreren Wellen über Oder und Neiße, viele Gruppen zogen auch elbabwärts. In ihrer neuen Heimat bildeten diese sogenannten Elb- oder Nordwestslawen Stämme, von denen sich dann mehrere zu großen Verbänden zusammenschlossen. Im Havelland und in der südlich davon liegenden Zauche saß seit dem frühen 8. Jahrhundert ein Volk, das sächsische Chronisten im 10. Jahrhundert als „Heveller" („Havelleute") bezeichneten. Dabei fügten sie hinzu, dass sich die Mitglieder des Stammes „Stodoranen" nannten. Wir haben nur diese Angaben, da die Elbslawen keine Aufzeichnungen hinterließen.

Die Heveller errichteten ungefähr um 850/60, vielleicht auch etwas später, die erste Brandenburg, die Sitz ihres Fürsten wurde. Der Name der Befestigung ist noch nicht geklärt. Solche Anlagen bestanden aus Erdwällen, die mehrere Meter hoch und breit waren. Ihre Vorder- und die Rückfront hielten Holzkonstruktionen, die sich auch im Innern fanden. Daneben gab es noch andere Aufbauvarianten derartiger Wälle: Sie bestanden dann aus neben- und übereinandergestapelten Holzkästen, die festgestampfte Erde enthielten. Die konnte auch mit Steinen durchsetzt sein. Darüber hinaus war noch die Rostbauweise üblich, bei der eine Konstruktion aus kreuz und quer übereinandergelegten Eichenstämmen mit Erde gefüllt wurde. Die Außen- und die Innenfront bestrich man dann oft mit Lehm, wie es heute bei der wiederaufgebauten Slawenburg Raddusch im Spreewald zu sehen ist. Die Erde fiel beim Ausheben eines Grabens an, der vor dem Wall lag. Er sollte Feinden die Annäherung erschweren und war in der Regel mehrere Meter tief und nicht selten viele Meter breit. Manchmal gab es vor einem Hauptwall mehrere Vorwälle und Gräben. Wegen der Vergänglichkeit der Hölzer (meist Eiche) mussten solche Burgen spätestens nach 25 bis 30 Jahren erneuert werden. Die Errichtung der dritten Brandenburg ist datiert, Archäologen ermittelten durch die Untersuchung der Jahresringe eines bei ihrem Bau verwendeten Balkens, dass man den Baum um 912 gefällt hatte. Also sind für das Bestehen der beiden Vorgängerbefestigungen noch 50 bis 60 Jahre zurückzurechnen.

Die dritte Brandenburg ist in einem Winter, wahrscheinlich 928/29, vom ostfränkischen König Heinrich I. erobert worden. Das berichtet Widukind, ein Mönch des Klosters Corvey an der Weser, der um 970 schrieb. Er erwähnt dickes Eis auf der Havel zur Zeit des Kampfes um die Burg und bringt den Feldzug mit Heinrichs Bemühungen zur Abwehr der Ungarn in Verbindung. Diese überfielen damals immer wieder die Stammesherzogtümer des Ostfrankenreiches und ritten dabei durch die Gebiete der Elbslawen.

König Heinrich I. begnügte sich anscheinend mit einer lockeren Oberhoheit. Unter seiner Herrschaft regierten die Fürsten der Heveller auf der Brandenburg weiter. Heinrichs Sohn und Nachfolger, Otto I., wollte die Slawen fester in den ostfränkischen

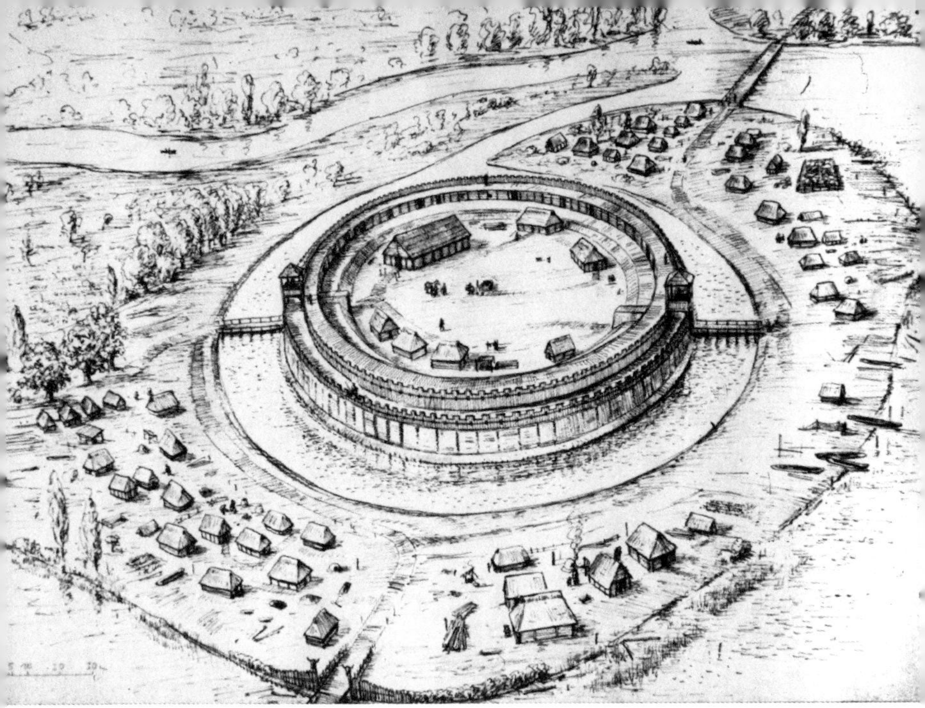

Abb. 21: Rekonstruktionszeichnung der Brandenburg

Staat eingliedern und gründete dafür Markgrafschaften. Grafen waren seit dem 6. Jahrhundert im Frankenreich die lokalen Vertreter des Königs, in dessen Auftrag sie in ihren Amtsbezirken Gericht hielten, Kriegerabteilungen aufstellten und führten, für Ruhe und Ordnung sorgten usw. Markgrafen übernahmen diese Aufgaben in den Grenzgebieten. Außerdem waren sie für den Schutz solcher auf Grund ihrer Lage besonders gefährdeten Regionen verantwortlich. Nach dem Tod des von König Otto I. 937 eingesetzten Markgrafen Gero im Jahre 965 wurde dessen Territorium durch den Herrscher geteilt. Es entstanden die (allerdings nur im 12. Jahrhundert so genannte) Nordmark, die sächsische Ostmark (Mark Lausitz, ungefähr die Niederlausitz) und die Mark Meißen. Zur Christianisierung der Slawen gründete Otto I.

Abb. 22: Karte der Marken und Bistümer im Slawengebiet

Abb. 23: Rekonstruktionszeichnung Rethras

die Bistümer Brandenburg und Havelberg, deren Bischöfen er als Sitze jeweils die Hälfte der beiden Burgen zuwies, während die andere in der Hand des Königs blieb.

Nach der Chronik Thietmars von Merseburg erhoben sich im Jahr 983 Völker, die zum Stammesverband der Lutizen gehörten. Sie zerstörten die Bischofssitze Brandenburg und Havelberg. Der Aufstand soll von einer Priesterkaste ausgegangen sein, deren Tempelheiligtum Rethra war. Dessen Platz ist unbekannt, die meisten der dafür von der Archäologie vermuteten Orte liegen zwischen der Müritz und dem Tollensesee bei Neubrandenburg.

In Magdeburg begannen in der Zeit von 991 bis 997 fünf Feldzüge zur Rückeroberung der durch die Rebellion erfassten Gebiete, besonders der Brandenburg. Auf ihr ließ König Otto III. während der Unternehmungen 991 und 995 auf der Mecklenburg (neben dem Dorf Mecklenburg südlich von Wismar) sowie auf der Burg Havelberg Urkunden ausstellen. Auch die erste Erwähnung Potsdams in einem Pergament des Herrschers im

Jahre 993 stand im Zusammenhang mit diesen Feldzügen. Sie blieben aber ohne dauerhafte Erfolge und wurden eingestellt. Die Slawen zwischen der Ostsee und dem Fläming hatten sich wieder befreit, aber den Anspruch auf diesen Raum erhielt das ostfränkisch-deutsche Reich aufrecht. Die Könige setzten weiterhin Markgrafen für die Nordmark und Bischöfe von Brandenburg und Havelberg ein, die ihre Amtsbezirke allerdings nicht betreten konnten.

Rund 100 Jahre später, zur Zeit der Geburt Albrechts des Bären, änderte sich die Lage jedoch wieder zuungunsten der Elbslawen. Einige ihrer Stämme hatten in der zweiten Hälfte des 11. Jahrhunderts mehrere blutige Kriege gegeneinander geführt, was sie natürlich schwächte. Außerdem erinnerte die Einnahme Jerusalems durch den ersten Kreuzzug 1099 die sächsischen Fürsten daran, dass sie nach damaliger Auffassung auch die Slawengebiete östlich der Elbe zurückerobern und wieder christianisieren sollten. Der in Europa gefeierte Sieg im Heiligen Land könnte der Auslöser für die Belagerung der Brandenburg durch Markgraf Udo III. von der Nordmark 1100/01 gewesen sein.

Auf alle Fälle von der Eroberung Jerusalems beeinflusst ist ein wahrscheinlich 1108 verfasstes Schreiben des Erzbischofs von Magdeburg und der ihm unterstellten Bischöfe von Brandenburg, Havelberg, Meißen, Merseburg sowie Naumburg an alle Fürsten, Ritter, Geistlichen und das ganze Volk in Sachsen, Flandern sowie Lothringen. Die Adressaten werden aufgerufen, die von den angeblich grässlichen Slawen bewohnten Gebiete nach dem Vorbild des (ersten) Kreuzzuges zu befreien. „Unser Jerusalem [...] haben die Heiden mit ihrer Barbarei zur Magd erniedrigt", heißt es u.a. Vielleicht war damit die Brandenburg gemeint, die dann nach ihrer Eroberung durch Markgraf Udo III. wieder verloren gegangen sein müsste. Interessanterweise werden nicht nur die Verdienste der erhofften Feldzugsteilnehmer bei der Ausbreitung des Christentums betont. Denn zugleich hebt der Aufruf hervor, dass sie mit dem Unternehmen bestes Land gewinnen könnten. Dessen unglaubliche Reichtümer an Korn und Vieh sind so anschaulich ausgemalt wie die Gräueltaten, Foltern und Martern, die die Heiden an Christen verübt haben sollen. Unter den Absendern des Schreibens steht auch ein Graf Otto – der Vater Albrechts des Bären.

Der Raum der Elbslawen weckte aber noch aus einem anderen Grund wieder das Interesse deutscher Fürsten – vor allem natürlich im östlichen Teil des Herzogtums Sachsen, der an Gebiete grenzte, deren Bewohner damals als Heiden galten. In der Mitte des 11. Jahrhunderts hatte nämlich der sogenannte Landesausbau eingesetzt. Damals begannen weltliche (Herzöge, Mark-, Pfalz- und Landgrafen) und geistliche (Erzbischöfe, Bischöfe, mächtige Äbte und Äbtissinnen) Fürsten sowie viele Grafen, im Auftrag des Königs verwaltete Territorien als Regionen zu betrachten, die sie aus eigener Machtvollkommenheit regierten. Außerdem wollten sie ihre Gebiete erweitern und die Herrschaft über die darin lebenden Menschen festigen.

Dazu führten sie Kriege, schlossen politisch vorteilhafte Ehen, erhöhten die Zahl ihrer Vasallen sowie Ritter und bauten Burgen. Außerdem ließen sie Dörfer (meist durch Rodungen), Märkte, seit dem 12. Jahrhundert auch Städte anlegen, errichteten Kirchen und Klöster und förderten Handel sowie Bergbau. Dieser Prozess dauerte sehr lange und führte schließlich zur Herausbildung einer Vielzahl mehr oder weniger selbständiger weltlicher sowie geistlicher Fürstentümer und Herrschaften, aus denen das Heilige Römische Reich (deutscher Nation) vom 15./16. Jahrhundert bis zu seinem Ende 1806 bestand.

Daher hofften nun besonders ostsächsische Fürsten, sich

durch die Wiederbesetzung der an ihre Territorien grenzenden großen Slawengebiete wichtige Vorteile im Ringen mit benachbarten Rivalen zu verschaffen, die ebenfalls mit dem Landesausbau begonnen hatten.

Zu ihnen gehörte auch Graf Otto von Ballenstedt. Helmut Assing trug 1997 mehrere Indizien dafür zusammen, dass der Vater Albrechts des Bären um 1110 – also zur Zeit des Aufrufes zu einem Feldzug gegen die Slawen, unter dem Ottos Name steht – entsprechende Anstrengungen unternommen hatte. Anscheinend dehnte er seinen Einfluss von den askanischen Stammbesitzungen zwischen dem Ostharz und der unteren Mulde über die Elbe im Raum Zerbst in Richtung auf das Hevellerfürstentum aus. Das könnte sich damals gen Süden bis in die Gegend um Görzke erstreckt haben.

Graf von Ballenstedt und Markgraf der Lausitz

1123 starb Otto, nachdem er noch im selben Jahr das von seinem Großvater Esico gegründete Kollegiatstift auf dem heutigen Ballenstedter Schlossberg in ein Kloster für Mönche des Benediktinerordens umgewandelt hatte. Adalbert, der spätere Albrecht der Bär, Ottos Sohn, war daran beteiligt. Die Mönche kamen aus dem Kloster Berge in Magdeburg.

Kurz nach dem Beginn seiner selbständigen Herrschaft als Graf von Ballenstedt erlebte der junge Albrecht gleich einen Aufstieg. Graf Lothar von Süpplingenburg war zwar 1106 von König Heinrich V. zum Herzog von Sachsen erhoben worden, kämpfte aber inzwischen gegen den Salier. Deswegen ernannte er Albrecht den Bären, den neuen Grafen von Ballenstedt, 1123 zum Markgrafen der Lausitz, obwohl der Kaiser einen anderen für dieses Amt bestimmt hatte. Zu dem Zeitpunkt wird der junge Askanier also erwachsen gewesen sein, weil der Herzog ja zuverlässige Gefolgsleute in seinem Streit mit Heinrich V. brauchte. Die erste Erwähnung Albrechts des Bären erfolgte in der Zeugenreihe einer 1120 ausgestellten Urkunde des Bischofs von Halberstadt. Allerdings gilt das Schriftstück als Fälschung der Zeit um 1277. Doch könnten die Namen zumindest einiger Zeugen aus einem echten Dokument übernommen worden sein. 1121 taucht Albrecht dann mit seinem Vater in einer Urkunde des Erzbischofs von Magdeburg auf.

Der ihm 1123 durch Lothar von Süpplingenburg verliehene Rang hob den jungen Askanier aus der relativ großen Gruppe der Grafen heraus. Das hatte schon sein Vater erreicht, der von Kaiser Heinrich V. 1112 zum Herzog von Sachsen ernannt worden war. Allerdings entzog der Herrscher Otto von Ballenstedt das Amt nach einigen Wochen wieder.

Im 12. Jahrhundert wurden Mark-, Pfalz- und Landgrafen zu Machthabern, die eine ähnliche Stellung wie die Herzöge besaßen, die höchste Gruppe der weltlichen Großen nach dem König. Am Ende dieses Zeitraumes hatte sich aus den genannten Amtsträgern der Reichsfürstenstand herausgebildet. Dazu zählten nach Karl-Heinz Spieß nur noch Männer, die mindestens ein Lehen direkt vom König besaßen. Zudem durften sie keines von einem anderen weltlichen Fürsten tragen. Der Herrscher hatte ihnen auch das Recht erteilt, Münzen zu prägen und Zölle zu erheben. Neben dieser lehnsrechtlichen gab es noch eine landrechtliche Bedingung: Ein Reichsfürst musste die Herrschaft über ein Territorium und darin die Gerichtsgewalt über Grafen und Edelherren ausüben.

Pribislaw/Heinrich

Albrecht der Bär wollte offenbar auch die durch seinen Vater begonnene Erweiterung des askanischen Einflusses nach Norden fortsetzen. Etwa 1123/25 gab es Verhandlungen zwischen dem Markgrafen der Lausitz und Pribislaw, einem Angehörigen der slawischen Fürstenfamilie, die auf der Brandenburg residierte. Es dürfte sich immer noch um die Dynastie der Heveller gehandelt haben, obwohl dieser Stammesname im 12. Jahrhundert nicht mehr auftaucht. Wird ein solcher in Verbindung mit

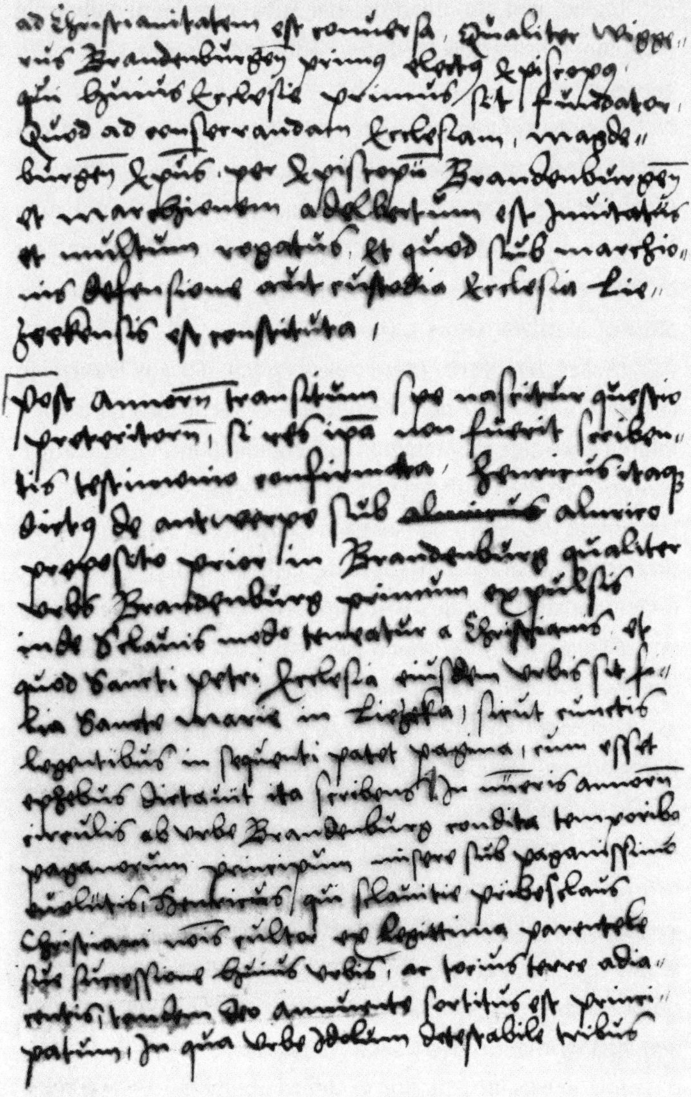

ad Christianitatem est conversa, qualiter Wigge-
rus Brandenburgensis primus electus episcopus
cum huius ecclesie primus sit fundator,
Quod ad consecrandam ecclesiam, Magde-
burgensis episcopus per episcopum Brandenburgensem
et marchionem adelbertum est invitatus
et multum rogatus, Et quod sub marchio-
nis defensione atque custodia ecclesia Lie-
zekensis est constituta,

Post annorum transitum sepe nascitur questio
preteritorum, si etiam ipsa non fuerit scriben-
tis testimoniis confidenda, Henricus [illegible]
[illegible] de antwerpe sub ~~alvinus~~ alvico
preposito prior in Brandenburg qualiter
urbs Brandenburg primum expulsis
inde Sclavis modo teneatur a Christianis et
quod sancti petri ecclesia infra urbis sit fi-
lia sancte marie in Liezeka, sicut cunctis
legentibus in sequenti patet pagina, cum esset
[illegible] dictavit ita scribens. In multis annorum
circulis ab urbe Brandenburg condita temporibus
paganorum principum nimpe sub paganissimis
[illegible], Henricus, qui Slavice pribezlaus
Christianus vero cultor ex legittima parentele
sue successione huius urbis, ac totius terre adia-
centis, tandem deo annuente sortitus est princi-
patum, In qua urbe idolum detestabile tribus

Abb. 24: Magdeburger Abschrift des Traktats *de urbe Brandenburg*

der Region genannt, dann der der Lutizen, zu denen aber die Stodoranen spätestens seit dem Aufstand von 983 vermutlich gehörten.

Über die Kontakte zwischen Albrecht dem Bären und Pribislaw informiert der sogenannte *Tractatus de urbe Brandenburg* („Abhandlung über die Burg Brandenburg"), der nach Christina Meckelnborg allerdings wahrscheinlich erst in der Zeit von 1170 bis 1180 entstand. Sie vermutet als Autor einen Geistlichen, der am Hof Markgraf Ottos I. (1170–1184) wirkte. In Frage kommt u. a. dessen 1170 genannter Kaplan Wirich, der aus Frankreich stammte. Otto I. war der älteste Sohn Albrechts des Bären und folgte dem Vater als Markgraf von Brandenburg. Vielleicht gab er den Traktat in Auftrag. Die Schrift diente dem Zweck, die Legitimität des Herrschaftsantritts Albrechts des Bären auf der Brandenburg darzulegen. Diese bezeichnete Otto I. 1170 als die bedeutendste Feste des von ihm beherrschten Gebietes und 1179 in einer Urkunde gleich zweimal als seine Burg. Deshalb wollte er mit dem Traktat möglicherweise über Argumente bei aktuellen oder künftigen Streitigkeiten mit den Brüdern, dem König oder benachbarten Fürsten verfügen.

Die Originalfassung ist verschollen, aber wir besitzen eine Abschrift aus dem 16. Jahrhundert. Sie liegt in Magdeburg. Etwa 1860 erkannte man, dass es sich um die Kopie einer ebenfalls verschwundenen Gründungsgeschichte des Prämonstratenserstiftes Leitzkau handelt, die dort wohl zwischen 1260 und 1280 unter Einfügung des dabei zum zweiten Male mit Zusätzen versehenen Wortlautes des Traktats entstand.

1995 entdeckte Christina Meckelnborg in Weimar eine weitere Abschrift, die aus dem 15. Jahrhundert stammt. Durch deren Vergleich mit der Magdeburger Version konnte sie den ursprünglichen lateinischen Text und dessen zweimalige Erweiterung noch genauer rekonstruieren und 2015 mit einer Übersetzung veröffentlichen.

Der Autor der Urfassung schrieb, dass die Brandenburg, auf der ein abscheuliches dreiköpfiges Götzenbild als Gott verehrt worden war, lange unter der Gewalt heidnischer Fürsten gestanden hatte. Dann fiel die Herrschaft über die Stodoranenresidenz und das umliegende Gebiet durch rechtmäßige Erbfolge an einen gewissen Heinrich. Dieser hatte den Namen offenbar bei der Taufe erhalten, denn er war Christ geworden und hieß ursprünglich Pribislaw. Als Fürst der Heveller versuchte er, sein Volk zu bekehren. Da Pribislaw/Heinrich keinen Erben hatte, bestimmte er Albrecht den Bären zum Nachfolger. Dessen ältestem Sohn Otto schenkte er außerdem als Taufpate die Zauche, das Land südlich der Havel. Nach Helmut Assing machte Pribislaw/Heinrich diese beiden weitgehenden Zugeständnisse wahrscheinlich gleichzeitig, und zwar bevor Herzog Lothar von Sachsen 1125 deutscher König wurde. Allerdings herrschte auf der Brandenburg bis 1127 ein gewisser Meinfried, in dem Hans-Dietrich Kahl einen älteren Bruder Pribislaw/Heinrichs vermutete.

Dieser wollte also anscheinend einen Verwandten vom Fürstenthron der Stodoranen verdrängen und suchte dafür bei Albrecht dem Bären Hilfe. Allerdings ist es unklar, von wem die Kontaktaufnahme ausging, und natürlich nicht ausgeschlossen, dass der Askanier Pribislaw/Heinrichs folgenschwere Entscheidungen durch Druck erreichte, z. B., indem er sie zur Voraussetzung für seine Unterstützung erklärte. Die Zauche und das übrige Hevellergebiet, das Havelland, konnten Albrecht als Erbe natürlich nur zufallen, wenn sie unter die Herrschaft des Stodoranenprinzen gelangten.

Herzog Lothar von Sachsen scheint mit den Abmachungen einverstanden gewesen zu sein. Pribislaw/Heinrichs Vorgänger

Meinfried besaß nämlich Rückhalt bei Markgraf Heinrich von der Nordmark. Und zwischen diesem und dem Herzog gab es Spannungen.

1125 wurde Lothar zum deutschen König gewählt. Im nächsten Jahre kämpfte er bei Kulm, südlich des Osterzgebirges, unglücklich gegen den Herzog von Böhmen, wobei Albrecht der Bär im Aufgebot des Herrschers focht. Nach chronikalischen Berichten soll der Askanier in der Schlacht am 18. Februar 1126 sein ganzes Gefolge verloren haben und verwundet in Gefangenschaft geraten sein, aber nur kurz. Das feindliche Heer bestand angeblich aus 20.000 Mann. Die Paderborner Annalen (Jahrbücher) nennen den Markgrafen in ihrem Bericht über den Kampf einen jungen Mann und Ritter von ausgezeichneter Begabung.

1127 wurde Meinfried von Brandenburg durch unbekannte Täter ermordet, und Pribislaw/Heinrich trat die Herrschaft über das Hevellerreich an. Das entsprach ganz den Plänen Albrechts des Bären, der zwischen 1127 und 1150, dem Todesjahr Pribislaw/Heinrichs, mit diesem gemeinsam Münzen prägen ließ (beschrieben von Bernd Kluge im Band *Köpenick vor 800 Jahren*). Sie sollten wohl zeigen, dass der Markgraf der von dem Slawenfürsten bestimmte Nachfolger war. Im Traktat heißt es, dass Pribislaw/Heinrich in seinem Volk „Götzendiener“ unterdrückt und die „Räuber“ weitgehend ausgerottet habe.

Albrecht dem Bären schien der Aufstieg vom Grafen von Ballenstedt zum Markgrafen der Lausitz indes nicht zu genügen. Sein Interesse richtete sich offenbar auf noch wesentlich entferntere Regionen: 1128 bot er dem in Pommern missionierenden Bischof Otto von Bamberg (1102–1139) Unterstützung an. Und nachdem im Dezember dieses Jahres der mit Albrechts Schwester vermählte Markgraf der Nordmark gestorben war, ohne Söhne zu hinterlassen, erhob der Askanier 1129 mit Waffengewalt offenbar auch auf dessen Amtsbereich Anspruch, zumal er ja durch das Bündnis mit Pribislaw/Heinrich schon Verbindungen zu der Region besaß. Allerdings wollte der König den Markgrafen der Lausitz wohl nicht weiter stärken. Und als Ritter Albrechts 1130 auch noch einen Rivalen ihres Herrn bei Aschersleben erschlugen, reichte es dem Herrscher: 1131 entzog Lothar III. dem Askanier die Lausitz.

Markgraf der Nordmark

Nachdem sich der Graf von Ballenstedt aber 1132/33 auf dem Italienzug ausgezeichnet hatte, der dem König die Kaiserkrone einbrachte, belehnte dieser Albrecht 1134 doch mit der Nordmark. Die schloss nach einer Herrscherurkunde aus dem Jahr 1136 im Nordosten auch Gebiete beiderseits der Peene ein. 1114 hatte Herzog Lothar von Sachsen allerdings noch einen Wutanfall bekommen, als ihm Slawen vom Stamm der an diesem Fluss lebenden Zirzipanen erklärten, dass sie dem Markgrafen der Nordmark zur Gefolgschaft verpflichtet seien. 1136 senkte der Kaiser auf Bitten Albrechts den Zoll, welchen Kaufleute aus Magdeburg für ihre Schiffsladungen im Raum Tangermünde zahlten. Damit förderte der Askanier den Handel in der Region, wo auch das Gebiet um Havelberg seine Aufmerksamkeit beanspruchte.

Der dort damals herrschende Slawenfürst Wirikind empfing im Mai 1128 Bischof Otto von Bamberg. Dieser war auf dem Weg von Magdeburg nach Pommern, um dort zum zweiten Male nach 1124/25 zu missionieren. Der Bischof machte dem Fürsten Vorwürfe, weil in Havelberg gerade ein heidnisches Fest stattfand. Immerhin scheint Wirikind eine Kirche gebaut oder deren Errichtung zumindest geduldet zu haben. Denn die Reichschronik des Annalista Saxo und die Magdeburger Annalen berichten zum Jahre 1136, dass Wirikinds Söhne Havelberg einnahmen und das Gotteshaus zerstörten. Ob ihr Vater dabei ums Leben kam oder bereits tot war, wissen wir nicht.

Es ist auch möglich, dass Albrecht der Bär nach seiner Ernennung zum Markgrafen der Nordmark im Jahre 1134 in dem alten Bistumssitz Havelberg eine Kirche bauen ließ. Jedenfalls reagierte er nach den Paderborner Annalen 1136 auf einen Einfall der Slawen in sächsische Gebiete mit mehreren Feldzügen in das gegnerische Territorium, das er entvölkerte und auf der Suche nach Beute im Winter 1137 erneut mit einem Aufgebot durchquerte. Damit dürfte der Anfang dieses Jahres gemeint sein. Die kriegerischen Unternehmungen Albrechts des Bären galten wohl den Slawen im Havelberger Raum und sind in dem Fall als Strafexpeditionen des Markgrafen gegen die Söhne Wirikinds zu deuten. Vermutlich deshalb scheint der Askanier 1136/37 auch nicht am zweiten Italienzug Kaiser Lothars III. teilgenommen zu haben.

Herzog von Sachsen

Seit 1134 gehörte der Graf von Ballenstedt wieder zur Gruppe der Markgrafen. Bald sollte sich aber zeigen, dass damit sein Ehrgeiz noch lange nicht befriedigt war. Anfang Dezember 1137 starb Kaiser Lothar III. bei der Rückkehr aus Italien. Da er keinen Sohn hatte, wollte er, dass ihm sein Schwiegersohn, Herzog Heinrich der Stolze von Bayern aus dem Hause der Welfen, als Herzog von Sachsen und möglichst auch als deutscher König folgen würde.

Lothars Witwe berief die sächsischen Fürsten zur Förderung dieser Pläne für den 2. Februar 1138 nach Quedlinburg. Doch Albrecht der Bär verfolgte eigene Ziele. Wie sein Vetter Heinrich der Stolze war er ein Enkel des 1106 gestorbenen letzten Herzogs von Sachsen aus dem Hause der Billunger. Der hatte keinen Sohn, aber zwei Töchter – die Mütter Heinrichs und Albrechts. Dieser verhinderte nun mit einem Überfall auf Quedlinburg die dort geplante Versammlung. Damit unterstützte er die Partei im Reich, die nicht wollte, dass der ihr viel zu mächtige Heinrich der Stolze durch die für den 22. Mai (Pfingsten) 1138 anberaumte Königswahl den deutschen Thron bestieg.

Bereits im März erkor ein kleiner Kreis von Fürsten Konrad von Hohenstaufen als Herrscher (1138–1152). Bald darauf ernannte der neue König den Markgrafen der Nordmark zum

Herzog von Sachsen – und nicht Heinrich den Stolzen, der obendrein auch noch das Herzogtum Bayern verlor. Albrecht, der im Juli 1138 erstmals mit dem höchsten Titel erscheint, den er erreichte, war offenbar am Ziel. Ob er als Herzog von Sachsen auch daran dachte, deutscher König zu werden, wissen wir nicht.

Doch wieder kam es anders: Mehrere sächsische Fürsten, deren Meinung Konrad III. bei der Besetzung ihres Herzogsstuhles offenbar nicht eingeholt hatte, eröffneten den Kampf gegen Albrecht den Bären. Noch 1138 ließen sie die Bernburg, den Sitz seiner Mutter, in Brand stecken.

1139 wollte der Herrscher den neuen Herzog von Sachsen mit einem Heer unterstützen. Der Erzbischof von Trier soll mit 500 Rittern zum Aufgebot gestoßen sein, obwohl er angeblich nur 20 stellen musste. Und obendrein brachte er für die Siegesfeier 30 Wagenladungen Wein (sicher von der Mosel) mit. Vermutlich Mitte August standen sich die Heere bei Creuzburg an der Werra gegenüber. Doch einige Fürsten und Bischöfe beider Seiten vereinbarten unmittelbar vor dem Kampf einen Waffenstillstand. Die Siegesfeier fand also nicht statt. Was sollte aber nun mit dem Wein geschehen? Er wurde nicht weggeschüttet, sondern in beiden Heeren verteilt – und höchstwahrscheinlich getrunken. Allerdings fiel so die Schlacht aus, von der sich Albrecht der Bär seine Durchsetzung als Herzog von Sachsen erhofft hatte.

Plötzlich schien sich das Blatt doch noch zu wenden, weil Heinrich der Stolze im Oktober 1139 überraschend starb. Nach chronikalischen Berichten heiterte diese Nachricht Herzog Albrecht auf. Aber die Freude war verfrüht, denn seine Gegner setzten den Kampf für den kleinen Sohn des Welfen, den späteren Heinrich den Löwen, fort.

Bald kam es für den Askanier noch wesentlich schlimmer: Seine Feinde steckten Albrechts Burg Anhalt in Brand und vertrieben ihn aus der Heimat. Das berichten mehrere Chroniken zum Jahre 1140, die Eintragungen entstammen allerdings erst der zweiten Hälfte des 12. Jahrhunderts. Dabei handelt es sich um die früheste Erwähnung der für die Geschichte der Askanier und ihr Land bedeutenden Burg Anhalt, deren Ruine über dem Tal des Flüsschens Selke südlich von Ballenstedt liegt.

Das älteste Gebäude entstand nach Ansicht Reinhard Schmitts um 1100. Wir wissen nicht, wer die Errichtung der Burg Anhalt befahl, in Frage kommen der König, ein Askanier oder ein Mitglied eines anderen Adelsgeschlechts. 1140 gehörte sie jedenfalls Albrecht dem Bären, der sich auch auf einem Typ seiner Münzen mit ihr in Verbindung bringen ließ: 1860 in Freckleben (südöstlich von Aschersleben) gefundene Brakteaten – im 12. Jahrhundert übliche einseitig geprägte Hohlpfennige – tragen die Umschrift: ADELBERTVS + MARCHIO + ANEHALDENSI(S), also etwa „Adelbert, der anhaltische Markgraf" oder „Markgraf Adelbert, der anhaltische". Die Münzen sind zwischen 1123 und 1170 geschlagen worden, nicht aber 1132/33, als der Askanier „nur" Graf war. Auch die Jahre 1139 bis 1141 scheiden aus, weil dann der höhere Titel des Herzogs zu erwarten wäre.

In einer Urkunde taucht die Burg erstmals am 16. August 1170 auf, als Fürst Kasimir von Pommern den Domherren in Havelberg dort anlässlich der Weihe des Gotteshauses eine Schenkung machte. Das in Anwesenheit „des brandenburgischen Markgrafen Albert" ausgestellte Schriftstück nennt dessen jüngsten Sohn Bernhard „Graf von Anhalt", während er in dem Dokument seines Bruders Markgraf Otto I. von Brandenburg vom selben Tage „Graf von Aschersleben" und ihr Vater „Markgraf Adelbert" heißt. Zwar handelt es sich bei Kasimirs Urkunde

Abb. 25: Rekonstruktionszeichnung der Burg Anhalt

um eine Fälschung von 1244, doch die Bernhard erwähnende Zeugenliste wurde wahrscheinlich aus der echten Vorlage von 1170 übernommen. Albrechts Söhne nannten sich zu Lebzeiten ihres Vaters gewiss nicht ohne dessen Einverständnis nach bestimmten Burgen. Und die Verbindung von Bernhards Grafentitel mit der Burg Anhalt zeigt wohl, dass die Askanier die 1140 abgebrannte Burg inzwischen aufgebaut hatten oder ihre Wiedererrichtung im Gange bzw. zumindest geplant war. Eine um 1200 im Kloster Weingarten (nördlich des Bodensees) entstandene Chronik bezeichnet Bernhard als *filius Alberti marchionis de Anehalde* („Sohn des Markgrafen Albert von Anhalt"). Es gab zwar keine Markgrafschaft Anhalt, doch das wusste man wohl damals in Schwaben nicht.

Der erhaltene Turmstumpf war Teil eines für Reinhard Schmitt zwischen 1150 und 1250 errichteten Bergfrieds. Die heutigen Mauerreste der Keller des Palas entstanden nach neueren Untersuchungen des Archäologen Tobias Gärtner allerdings nicht unter Albrecht dem Bären, sondern im 13., vielleicht sogar erst im 14. Jahrhundert. Es sind sechs Urkunden bekannt, die drei Askanier zwischen 1263 und 1305 auf der Burg Anhalt ausstellen ließen. Nach den schriftlichen Quellen nutzte das Fürstenhaus die Feste mindestens bis 1315. Seit 1413 war sie an die Wettiner verpfändet. Spätestens in der ersten Hälfte des 15. Jahrhunderts wurde die Anlage aufgegeben, wie die archäologischen Funde zeigen. Zwar lösten die Fürsten von Anhalt ihre Stammburg 1498 endlich aus. Doch kurz darauf wurde sie an Bernd von der Asseburg versetzt und von dem 1508 weiter an die Grafen von Stolberg. Als sie 1536 wieder in den Besitz der Fürsten von Anhalt kam, war sie endgültig verfallen.

Die Burg Anhalt ist der zweite Stammsitz der Askanier, und nach ihr heißen die Nachkommen des jüngsten Sohnes Albrechts des Bären immer noch. Das Haus Anhalt besteht heute aus dem Prinzen Eduard von Anhalt (einem Sohn des letzten Herzogs von Anhalt) sowie dessen Töchtern und Enkeln. Die Familie kann ihre Vorfahren bis zu dem 1036 erstmals genannten Grafen Esico, dem ältesten namentlich bekannten Askanier, zurückverfolgen.

In dem 1138 ausgebrochenen Krieg konnte Albrecht der Bär das Blatt nicht mehr wenden. 1142 verzichtete er auf Sachsen, zu dessen Herzog König Konrad III. Heinrich den Löwen erhob. Immerhin blieb der Askanier Markgraf der Nordmark und erhielt seine Stammbesitzungen zurück, die durch die Kämpfe allerdings verwüstet waren.

Doch erzielte er in diesen Jahren auch Erfolge. Sie waren

Abb. 26: Stift Leitzkau

weniger spektakulär, aber nicht unwichtig: In Leitzkau (südöstlich von Magdeburg) gab es einen Hof der Bischöfe von Brandenburg, der allerdings nach der Chronik Thietmars von Merseburg 1017 wüst lag und wilden Tieren als Schlupfwinkel diente. Im Zusammenhang mit den um 1100 einsetzenden Bemühungen zur Rückgewinnung und Christianisierung der 983 verlorenen Slawenlande erfolgten nun auch erste Schritte zur Wiederaufrichtung des Bistums Brandenburg. Dafür hatte Bischof Hartbert, dessen Name zusammen mit dem Graf Ottos von Ballenstedt in dem Aufruf zum Feldzug gegen die Heiden östlich der Elbe von 1108 steht, um 1110 in Leitzkau eine Kirche errichtet. Vielleicht unterstützte ihn dabei der Askanier, der ja damals vermutlich in dem Raum seinen Einfluss ausdehnte. 1138 wurde

Abb. 27: Stift Jerichow

Wigger Bischof von Brandenburg. Zuvor bekleidete er das Amt des Propstes am Magdeburger Prämonstratenserstift Unser Lieben Frauen, dessen Vogt Albrecht der Bär war. Wigger wandelte 1138/39 auch die Leitzkauer Kirche in eine Niederlassung seines Ordens um. Der neue Konvent erhielt vor allem dadurch eine besondere Bedeutung, dass er als provisorisches Domkapitel des Bistums Brandenburg dienen sollte, solange der Bischofssitz noch in slawischer Hand war. Die Leitzkauer Prämonstratenser kamen aus Magdeburg, und Albrecht der Bär übernahm die Vogtei.

1144 entstand in Jerichow an der Elbe (gegenüber von Tangermünde) eine Niederlassung desselben Ordens. Auch dieser Konvent kam aus Magdeburg. Vogt der Jerichower Prämonstratenser wurde ebenfalls Albrecht der Bär. Ob sie das vorläufige Havelberger Domkapitel bildeten, ist umstritten.

1140 starb Wilhelm, Pfalzgraf bei Rhein und Graf von Weimar-Orlamünde. Er war ein Sohn Siegfrieds, des Bruders Ottos von Ballenstedt, des Vaters Albrechts des Bären. Diesem fiel schließlich die Grafschaft Weimar-Orlamünde zu, weil sein Vetter keine Nachkommen hatte. Allerdings musste der Askanier wohl einige Jahre auf die betreffende Entscheidung des Königs warten.

Ab etwa 1140 bis 1152 erscheint er in den Zeugenlisten einiger Urkunden Konrads III. und Friedrichs I. Barbarossa bereits als „Markgraf von Brandenburg", während er in solchen Schriftstücken sonst meist „Markgraf" oder „Markgraf von Sachsen" genannt wird. Damit wollten die beiden Könige – obwohl sie nach Hans-Dietrich Kahl offenbar die Abmachungen zwischen Albrecht dem Bären und Pribislaw/Heinrich bestätigt hatten – vermutlich die Rechte des Reiches an der Brandenburg betonen. Das entsprach aber anscheinend nicht den Interessen des Askaniers, der diesen Titel in seinen erstmals zu 1151 überlieferten Urkunden zunächst mied.

Der Wendenkreuzzug

Er fand 1147 unter maßgeblicher Führung Albrechts des Bären statt. Der Auslöser lag allerdings in Kleinasien, in der Grafschaft Edessa (heute Urfa), die 1098 als erster der Kreuzfahrerstaaten entstanden war. 1144 wurde ihr Kernraum durch ein Heer des Herrschers von Mossul und Aleppo besetzt. Daraufhin rief der Papst im folgenden Jahr zum zweiten Kreuzzug auf, doch der deutsche König zögerte. Deshalb hielt Bernhard, der Abt des Zisterzienserklosters Clairvaux in Nordostfrankreich, zu Weihnachten 1146 in Speyer eine flammende Predigt in Anwesenheit Konrads III. So gewann der Geistliche, der damals überall öffentlich zur Teilnahme am zweiten Kreuzzug aufforderte, den Staufer schließlich auch dafür.

Während des Reichstages, den der Herrscher im März 1147 zur Vorbereitung des Zuges abhielt, erhob Herzog Heinrich der Löwe von Sachsen Anspruch auf das seinem Vater entzogene Herzogtum Bayern. Die Entscheidung wurde bis zur Rückkehr des Königs aus dem Orient verschoben. Gleichzeitig verweigerten die sächsischen Fürsten ihre Teilnahme am zweiten Kreuzzug. Sie erklärten, dass sie genug Heiden vor der Haustür hätten und es obendrein zu riskant sei, wenn sie die Slawengrenzen ohne Schutz ließen, um Edessa zurückzuerobern. Daraufhin rief

Abb. 28: Karte der Kreuzfahrerstaaten

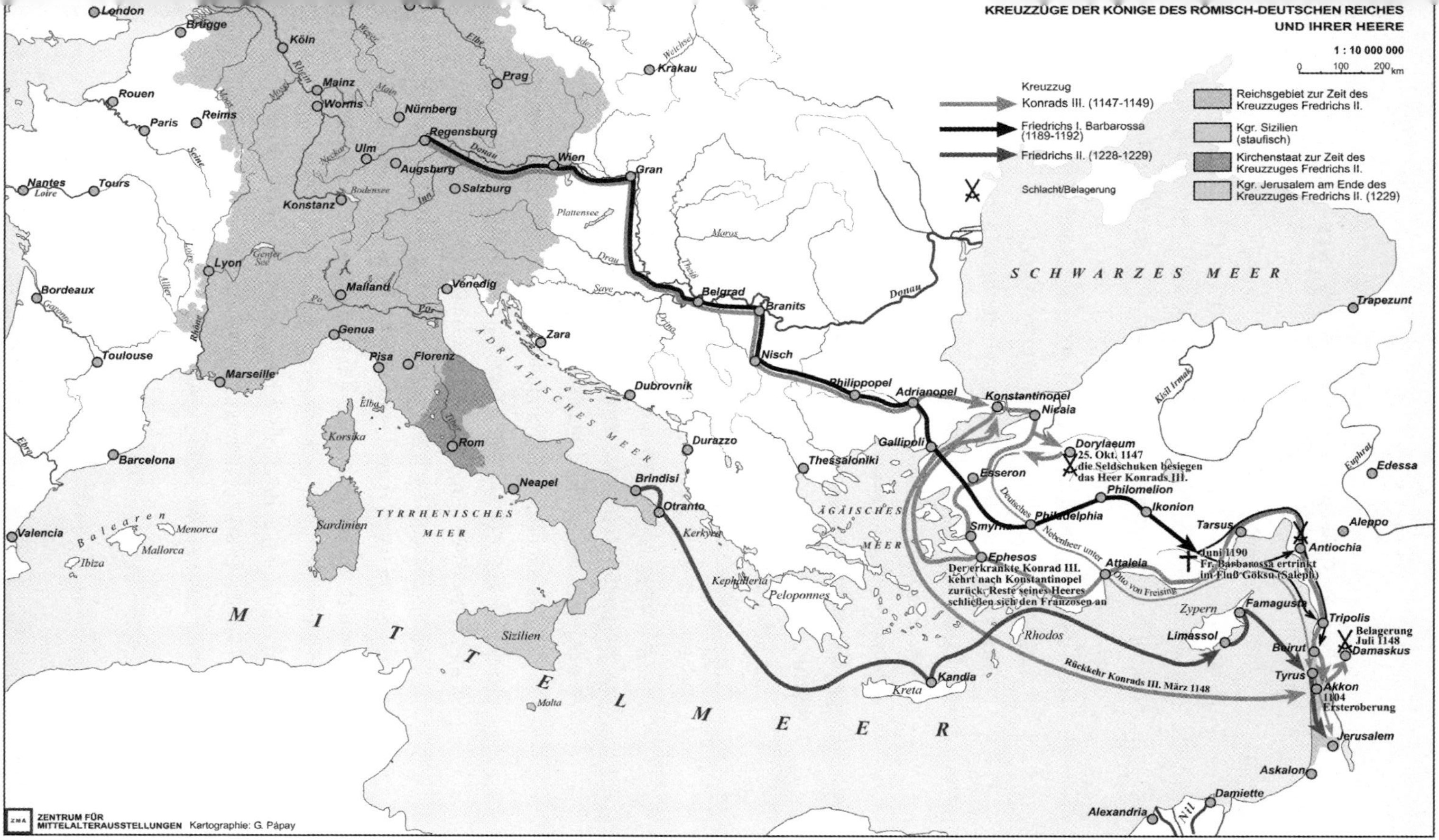
KREUZZÜGE DER KÖNIGE DES RÖMISCH-DEUTSCHEN REICHES UND IHRER HEERE
1 : 10 000 000
0 100 200 km
Kreuzzug
Konrads III. (1147-1149)
Friedrichs I. Barbarossa (1189-1192)
Friedrichs II. (1228-1229)
Schlacht/Belagerung
Reichsgebiet zur Zeit des Kreuzzuges Fredrichs II.
Kgr. Sizilien (staufisch)
Kirchenstaat zur Zeit des Kreuzzuges Fredrichs II.
Kgr. Jerusalem am Ende des Kreuzzuges Fredrichs II. (1229)
London
Brügge
Köln
Mainz
Worms
Nürnberg
Prag
Krakau
Rouen
Paris
Reims
Regensburg
Ulm
Augsburg
Wien
Gran
Nantes
Tours
Konstanz
Salzburg
Lyon
Mailand
Venedig
Bordeaux
Genua
Zara
Toulouse
Pisa
Florenz
Marseille
Belgrad
Branits
Nisch
Philippopel
Adrianopel
Konstantinopel
Nicaia
Dubrovnik
Durazzo
Gallipoli
Thessaloniki
Rom
Barcelona
Neapel
Brindisi
Otranto
Valencia
Dorylaeum
25. Okt. 1147
die Seldschuken besiegen das Heer Konrads III.
Esseron
Philomelion
Ikonion
Philadelphia
Smyrna
Ephesos
Der erkrankte Konrad III. kehrt nach Konstantinopel zurück. Reste seines Heeres schließen sich den Franzosen an
Deutsches Nebenheer unter Otto von Freising
Attaleia
Tarsus
Juni 1190
Fr. Barbarossa ertrinkt im Fluß Göksu (Saleph)
Antiochia
Aleppo
Edessa
Trapezunt
Tripolis
Belagerung Juli 1148
Damaskus
Famagusta
Limassol
Zypern
Beirut
Tyrus
Akkon
1104 Ersteroberung
Jerusalem
Askalon
Damiette
Alexandria
Nil
Kandia
Kreta
Rhodos
Rückkehr Konrads III. März 1148
SCHWARZES MEER
ADRIATISCHES MEER
TYRRHENISCHES MEER
ÄGÄISCHES MEER
MITTELMEER
Korsika
Sardinien
Sizilien
Malta
Elba
Balearen
Menorca
Mallorca
Ibiza
Peloponnes
Kephallenia
Kerkyra
Rhein
Donau
Elbe
Oder
Weichsel
Seine
Loire
Allier
Rhône
Garonne
Ebro
Po
Tiber
Drau
Save
Drina
Theiß
Maros
Inn
Main
Neckar
Mosel
Maas
Weser
Bodensee
Genfer See
Plattensee
Kisil Irmak
Euphrat
ZENTRUM FÜR MITTELALTERAUSSTELLUNGEN Kartographie: G. Pápay

Bernhard von Clairvaux zu einem Wendenkreuzzug auf, den dann auch der Papst billigte.

Die wichtigsten Rollen bei diesem Unternehmen spielten Heinrich der Löwe und Albrecht der Bär, wobei sich ihre Rivalität erneut deutlich zeigte. Im Sommer belagerte der Herzog von Sachsen mit angeblich 40.000 Mann (so die Magdeburger Annalen) die Burg Dobin am Nordende des Schweriner Sees. Auch der Erzbischof von Bremen gehörte zu den Führern der Truppen bei dieser gewaltsamen Art der Mission.

Eine zweite Heeresgruppe stand unter dem Befehl Albrechts des Bären, Markgraf Konrads von Meißen und der Lausitz, des Erzbischofs von Magdeburg, der Bischöfe von Brandenburg und Havelberg sowie weiterer Fürsten. Hier nennen die Magdeburger Annalen sogar 60.000 Mann. Allerdings sind die Zahlen wahrscheinlich stark übertrieben – wie häufig in mittelalterlichen Schriften.

Das zweite Kontingent brach vermutlich von Magdeburg auf und gelangte über Havelberg sowie wohl Malchow nach Demmin, das eingeschlossen wurde. Ein Teil des Heeres zog weiter und belagerte Stettin. Nachdem Fürst Ratibor von Pommern († 1156) und der auf Vorschlag Ottos von Bamberg eingesetzte Bischof des Landes den Kreuzfahrern versichert hatten, dass diese gegen Christen kämpften, erfolgte der Rückmarsch. Auch Heinrich der Löwe brach die Belagerung Dobins ab.

Der Herzog von Sachsen und der Markgraf der Nordmark gewannen im Wendenkreuzzug 1147 keine großen Gebiete im Slawenland. Immerhin brachte Albrecht dabei wohl spätestens jetzt den Raum um Havelberg endgültig in seine Gewalt – wo bald darauf der Bau des Domes begann. Allerdings setzten sich, möglicherweise im Zusammenhang mit dem Wendenkreuzzug, offenbar auch einige kleinere Adelsgeschlechter in der Nord-

Abb. 29: Burg Arnstein

mark fest. Das waren die Familie Gans, Edle Herren zu Putlitz, in der Prignitz, die Herren von Plotho im Bereich um Kyritz und Wusterhausen, die Herren von Jerichow im Ländchen Friesack sowie die 1524 ausgestorbenen Grafen von Lindow, eine Linie der aus dem Raum östlich des Harzes stammenden Arnsteiner, in der Ruppiner Gegend.

Noch für weitere Orte werden mit unterschiedlichen Wahrscheinlichkeiten zunächst selbständige Herrschaftsbildungen kleinerer Geschlechter auf slawischem Boden in der Mitte des 12. Jahrhunderts erwogen. Das betrifft im Raum Belzig die Herren von Jabilinze, die von 1160 bis 1236 als Burggrafen von Brandenburg, zwischen 1201 und 1251 als Grafen von Belzig sowie 1236 mit beiden Titeln erscheinen. In Treuenbrietzen und wohl auch

Abb. 30: Kirche St. Gotthardt in Brandenburg

in Beelitz wurden slawische Burgen von Reichsministerialen übernommen Das waren Dienstmannen des Königs, die dabei vermutlich auf eigene Faust, doch gewissermaßen im Auftrag der Krone handelten. Auch bei Luckenwalde, Trebbin, Gröben, Zossen, Teupitz und Storkow gibt es Indizien für ursprünglich selbständige Herrschaftsbildungen.

Mit dem Marsch von Magdeburg über Havelberg bis Demmin und Stettin demonstrierte Albrecht der Bär, wie weit er seinen Zuständigkeitsbereich als Markgraf der Nordmark spannte. Zugleich verschonte er mit dieser Route das Hevellerfürstentum, auf dessen baldige Übernahme er hoffte – und zwar ohne die bei solchen Feldzügen üblichen Verwüstungen und die Gefahr, dass andere „Kreuzfahrer" die Region nach dem Recht des Eroberers beanspruchten. Das spielte eine noch größere Rolle im Falle von Territorien, in denen im Mittelalter sogenannte Heiden lebten.

Offenbar auch, um zu verhindern, dass das Stodoranengebiet eines der Ziele dieser Expedition wurde, und zugleich als ein weiterer Schritt zur Wiederherstellung des Bistums Brandenburg erfolgte eine Maßnahme, von deren Notwendigkeit vermutlich der Bischof, sicher in Abstimmung mit Albrecht dem Bären, Fürst Pribislaw/Heinrich überzeugt hatte: Der in den 1230er Jahren von einem Brandenburger Domherrn verfasste Zusatz zum Traktat über die Burg Brandenburg berichtet, dass Pribislaw/Heinrich auf Ermahnung und mit Unterstützung Bischof Wiggers von Brandenburg (wohl spätestens vor dem Beginn des Wendenkreuzzuges) Prämonstratenser in die Vorstadt Brandenburg holte. Dort siedelte er sie bei der St.-Gotthardt-Kirche an und versah sie mit allem, was sie zum Leben und für ihre Tätigkeit brauchten. Diese Handlung Bischof Wiggers kannte der Verfasser des Zusatzes zum Traktat aus einer Urkunde Wilmars, des Nachfolgers Wiggers, von 1166 (wahrscheinlich 1165). Die erhaltene St.-Gotthardt-Kirche lag damals in einer Parduwin genannten Siedlung einen halben Kilometer westlich der Brandenburg. Die wohl zwischen 1260 und 1280 in Leitzkau vorgenommene zweite Erweiterung des Traktats betont, dass es Prämonstratenser aus diesem Stift waren, die sich vor dem Sitz des Hevellerfürsten niederließen.

Aschersleben

Für 1147, das Jahr des Wendenkreuzzuges durch das Land der Lutizen bis zu den Pommern, ist auch die erste schriftliche Verbindung der Askanier mit ihrem dritten Stammsitz überliefert. Das war Aschersleben, die Stadt, nach der die Dynastie später benannt wurde.

Eine dort am 8. August 1147 ausgestellte Urkunde Erzbischof Friedrichs von Magdeburg (1142–1152) berichtet, dass Graf Adalbert von Aschersleben (Albrecht der Bär) an diesem Ort Gericht gehalten hatte. Dabei bestätigte der Askanier erneut den Verkauf von zehn Hufen in Ilberstedt (nordwestlich von Bernburg) durch den Ritter Friedrich von Schneidlingen (nördlich von Aschersleben) an Erzbischof Norbert von Magdeburg (1126–1134). Da der das Land zur Ausstattung des von ihm 1131 gegründeten Klosters Gottesgnaden (bei Calbe an der Saale) verwendete, muss das Geschäft zwischen 1126 und 1131 erfolgt sein. Das hatte damals Albrecht der Bär als Graf von Aschersleben bezeugt. Später wurde die Gültigkeit von anderer Seite angefochten. Deshalb kam die Angelegenheit am 8. August 1147 wieder vor das Gericht des Grafen von Aschersleben, der den Verkauf erneut für rechtmäßig erklärte. Zwar ist ein Aufenthalt Albrechts des Bären und Erzbischof Friedrichs von Magdeburg in Aschersleben an diesem Tage schwer mit dem Aufbruch der

Abb. 31: Burg Askania (Rest des Turmes, um 1920)

beiden zum Wendenkreuzzug zu vereinbaren, denn dafür war eigentlich der 29. Juni festgesetzt. Doch noch am 1. und 2. Juli trafen sich die sächsischen Fürsten und Bischöfe zur Vorbereitung des Abmarsches.

Festzuhalten bleibt, dass Albrecht der Bär spätestens 1131 Graf von Aschersleben war. Ob er das Amt vom König bekam, vielleicht genau in jenem Jahr als eine gewisse Entschädigung für den Entzug der Mark Lausitz, oder ob es bereits einer seiner Vorfahren von einem früheren Herrscher empfangen hatte, ist unbekannt.

Der lange nach Albrechts des Bären Tod für das deutsche Fürstenhaus, dem er angehörte, aufgekommene Name „Askanier“ wurde von der Burg Askania (auch „Alte Burg“) auf dem

Wolfsberg westlich der Altstadt von Aschersleben abgeleitet. Dort oben entstand in einer großen, durch mächtige Wälle geschützten älteren Burganlage nach Reinhard Schmitt in der ersten Hälfte des 12. Jahrhunderts ein als Ruine erhaltener Turm. Vielleicht gab Albrecht der Bär dazu den Befehl.

Jedenfalls scheint er den Schwerpunkt seiner Herrschaft in den askanischen Stammbesitzungen von Ballenstedt nach Aschersleben verlagert zu haben. Auf die Burg Ballenstedt wurde Albrechts Grafentitel noch nach dem Verlust des Markgrafenamtes für die Lausitz 1131 bis zur Übernahme der Nordmark 1134 bezogen. 1130 hatten seine Ritter in der Nähe Ascherslebens einen Rivalen ihres Herrn, den Grafen Udo von Freckleben, getötet. Nach 1147 ist der Askanier wieder 1155, 1167 und 1169 als Vorsitzender des Grafengerichts zu Aschersleben bezeugt. Auch im Grafengericht zu Wörbzig (südwestlich von Köthen), das er 1156 hielt, bezeichnete er sich als Graf von Aschersleben. Dabei setzte er laut Helmut Assing gräfliche Befugnisse, die er im Auftrag des Königs im Gericht zu Aschersleben hatte, zunehmend für den Ausbau seiner Herrschaft in diesem Gebiet ein. Dafür nutzten damals auch andere Fürsten Rechte, die sie als Grafen und Vögte kirchlicher Einrichtungen besaßen und nicht selten sehr großzügig auslegten. Das führte mitunter zu schweren Konflikten mit den betroffenen Konventen. So ließ Graf Heinrich I. von Anhalt (1212–ca. 1250), ein Enkel Albrechts des Bären und Vogt des Klosters Nienburg, dessen Abt, mit dem er in einen heftigen Streit geraten war, 1219 von Rittern blenden und fast die Zunge herausreißen. Dem Geistlichen wurde ein übler Lebenswandel vorgeworfen.

Albrecht war Vogt der Konvente in Ballenstedt, Ilsenburg, Gernrode, Frose, Nienburg, Oldisleben, Gröningen, Leitzkau, Jerichow, Hecklingen, Cölbigk (?), Kaltenborn, Unser Lieben

Frauen in Magdeburg, St. Simon und Juda in Goslar sowie in Vertretung des Königs vermutlich auch im Falle der Bistümer Brandenburg und Havelberg.

Noch ein Ereignis im Jahre 1147 sollte sich für den Markgrafen als wichtig erweisen: Der letzte Graf von Plötzkau (südwestlich von Bernburg) fiel im Kreuzzugsheer König Konrads III. im Orient. Das gab den Spannungen zwischen Albrecht dem Bären und Heinrich dem Löwen neue Nahrung, da beide das Erbe beanspruchten.

Polen und Pommern

Für den 6. Januar 1148 erwähnen die schriftlichen Quellen Albrechts ältesten Sohn Otto als Teilnehmer einer Zusammenkunft, die in Kruschwitz (südlich von Bromberg, heute in Polen) zwischen Erzbischof Friedrich von Magdeburg, weiteren sächsischen Fürsten sowie den Polenherzögen Boleslaw IV. (1138–1173) und Mieszko III. (1138–1202) aus dem Hause der Piasten stattfand. Deren Schwester Judith, eine verwitwete Königin von Ungarn, wurde dem jungen Askanier, der 1144 erstmals als Markgraf erscheint, bei dieser Gelegenheit als Gemahlin bestimmt. Der Fürstentag diente offenbar der Verständigung der Sachsen mit den Polen und war sicher eine Folge der gemeinsamen Beteiligung am Wendenkreuzzug. Außer dem jungen Markgrafen Otto und dem Erzbischof von Magdeburg nennen die Quellen auf deutscher Seite keine Anwesenden namentlich. Wahrscheinlich war Albrecht der Bär dabei, denn die hier angebahnte askanisch-piastische Eheverbindung unterstreicht die Bedeutung des Treffens. Vermutlich sprachen beide Parteien auch über die bevorstehende Übernahme des Hevellerfürstentums durch Ottos Vater. Die Askanier befanden sich offenbar bewusst im Gegensatz zur Ostpolitik König Konrads III., der immer noch an seinem Schwager Wladislaw als rechtmäßigem Herzog von Polen festhielt. Dieser war der ältere Bruder Boleslaws und Mieszkos und von ihnen vertrieben worden.

Im Sommer 1148 kam Ratibor von Pommern nach Havelberg, um dort mehreren sächsischen Fürsten, deren Namen nicht überliefert sind, nochmals zu versichern, dass er Christ sei. Wegen des Grundes und des Ortes der Zusammenkunft sollte Albrechts Teilnahme angenommen werden, doch unterstützte dieser damals anscheinend Heinrich den Löwen auf einem Feldzug nach Dithmarschen. Deswegen vertrat den Markgrafen sicher mindestens einer seiner Söhne in Havelberg. Dort erfolgte im Rahmen der Fürstenversammlung vielleicht die Grundsteinlegung für den Dom. An dessen Weihe 1170 waren Ratibors Neffen Kasimir und Bogislaw von Pommern beteiligt.

Die Übernahme der Brandenburg

Pribislaw/Heinrich, der letzte Fürst der Heveller, starb hochbetagt am Fieber. So informiert uns der Traktat über die Brandenburg, allerdings ohne Angabe des Jahres. Dafür berichten die in der zweiten Hälfte des 12. Jahrhunderts im Prämonstratenserstift Pöhlde südwestlich des Harzes entstandenen Annalen zu 1150: *Heinricus de Brandeburg obiit, cuius heres factus est marchio Adelbertus* (Heinrich von Brandenburg starb, sein Erbe wurde Markgraf Adelbert). Da der Bischof von Brandenburg und der Prämonstratenserkonvent in Parduwin wie die Geistlichen in Pöhlde demselben Orden angehörten, dürften zwischen ihnen gute Kontakte bestanden haben. Völlige Sicherheit gibt es trotzdem nicht. Denn die Pöhlder Annalen setzen z. B. die Ende Januar 1160 erfolgte Eroberung der durch Barbarossa seit Juli 1159 belagerten italienischen Stadt Crema noch in dieses Jahr und melden den 1164 eingetretenen Tod Papst Viktors IV. für 1165. Allerdings spielten sich diese beiden Ereignisse auch in wesentlich größerer Entfernung von Pöhlde ab als der Herrschaftswechsel auf der Brandenburg.

Nach dem Traktat erinnerte der sterbende Pribislaw/Heinrich seine Gemahlin Petrissa daran, dass sie das Hevellerland Albrecht dem Bären übergeben solle. Weil sie keinen weiteren Götzendienst erleben, sondern das Gebiet lieber den Deutschen anvertrauen wollte, verheimlichte die Witwe den Tod ihres Mannes drei Tage und benachrichtigte den Markgrafen. Der erschien sofort mit einer starken Schar Bewaffneter auf der Brandenburg, trat dort als der von Pribislaw/Heinrich (vor rund 25 Jahren und eben noch einmal) benannte Erbe die Herrschaft an und ließ den Verstorbenen im Beisein vieler Edler mit fürstlichem Gepränge beisetzen.

Ganz friedlich verlief der Machtwechsel aber offenbar nicht. Nachdem er nämlich auf diese Weise das uneingeschränkte Verfügungsrecht über die Burg erlangt hatte – so heißt es im Traktat weiter –, ließ der Markgraf die Heiden, die für „Räuberei“ und „Götzenverehrung“ bekannt waren, aus dem Sitz der Stodoranenfürsten vertreiben. Damit sind wohl Slawen gemeint, die zur Umgebung Pribislaw/Heinrichs gehörten, aber Albrecht den Bären als neuen Herrn des Hevellerreiches ablehnten. Hans-Dietrich Kahl konnte auch wahrscheinlich machen, dass erst der Askanier das dreiköpfige Götzenbild, den Triglaw, zerstören ließ. Das hatte Pribislaw/Heinrich offenbar noch nicht gewagt; vermutlich besaß er aber in der Brandenburg eine Kapelle. Ihr Feldsteinsockel diente später als Fundament eines neuen Gebäudes. Dabei handelt es sich um die im 13./14. Jahrhundert errichtete Petrikapelle vor dem Dom. Den Schutz der Feste übertrug Albrecht der Bär laut dem Traktat einer aus Deutschen und Slawen zusammengesetzten kriegserprobten Mannschaft, deren Mitgliedern er vertraute, und zog wieder ab. Allerdings übernahm er den schon seit etwa zehn Jahren für ihn in der königlichen Kanzlei zuweilen gebrauchten Titel „Markgraf von Brandenburg“ noch nicht.

Die Wiederaufrichtung des Bistums Havelberg

Nun begann auch Anselm von Havelberg mit der Erneuerung seines Bistums. Dazu ließ er sich im Dezember 1150 von König Konrad III. eine Urkunde ausstellen, die es dem Bischof erlaubte, Kolonisten aus aller Herren Länder zu holen. Glücklich war Anselm offenbar trotzdem nicht. Denn bevor er seinen Bischofssitz wieder beziehen konnte, hatte er eine wichtige Stellung im Reichsdienst. 1135/36 verhandelte er in Konstantinopel mit Kaiser Johannes II. von Byzanz. Vermutlich Anfang 1150 klagte Anselm in einem Brief, in welch gedrückter Stimmung er in Havelberg mit der Errichtung des Domes – ständig von den benachbarten heidnischen Slawen bedroht – beschäftigt sei. Lange musste das der arme Mann aber nicht ertragen: 1152 schickte ihn König Friedrich I. Barbarossa in diplomatischer Mission nach Rom und machte ihn drei Jahre später zum Erzbischof von Ravenna. 1158 starb Anselm im Heerlager des Kaisers während der Belagerung Mailands.

Nachdem der Bischof von Havelberg 1150 die erwähnte Urkunde vom König erhalten hatte, bekam er im nächsten Jahr auch eine von Albrecht dem Bären und dessen ältestem Sohn Otto. Darin bezeichnen sich beide als *gratia dei et imperii marchiones* (durch die Gnade Gottes und des Kaiserreiches Markgrafen). Das Dokument ist nach unserer Überlieferung die erste von Albrecht dem Bären ausgestellte Urkunde. Er und sein Sohn erklären, dass sie das einst durch Kaiser Otto den Großen gegründete und später von den Heiden zerstörte Bistum Havelberg wiederherstellen wollen. Deshalb geben sie Bischof Anselm das zurück, was ihre Vorgänger, die Markgrafen, dem Bistum widerrechtlich genommen haben. Damit die jüngst von Anselm in Havelberg eingesetzten Domherren für das Seelenheil der Askanier beten, schenken diese dem Kapitel sowie dem Bischof Land in der altmärkischen Wische, die Nikolaikirche in Berge (südlich von Werben [Elbe]) und einen Teil der Abgaben der Bauern zweier Dörfer im Raum Stendal. Außerdem werden die Sachen des Bischofs sowie der Domherren in der Mark und im ganzen Herrschaftsbereich der beiden Fürsten von allem Zoll zu Wasser und zu Lande befreit. Auch die letzte Bestimmung trafen die Markgrafen nun allein. Um die Zollsenkung für das Tangermünder Territorium von 1136 hatte ja Albrecht der Bär noch den König ersucht. Der entsprach dann der Bitte seines Vasallen und ließ darüber eine Urkunde ausstellen.

Der askanische Besitz in der Altmark

Ob Albrecht der Bär dort schon vor 1134 Güter hatte oder ob er sie erst in diesem Jahr mit der Nordmark empfing, ist unklar. Verfügte er in der Region bereits früher über Besitz, kennen wir dessen Herkunft nicht. Heinrich Basse schrieb 1519, dass Albrechts Vater, Graf Otto von Ballenstedt, durch die Mitgift seiner Gemahlin (Eilica aus dem Hause der Billunger) Salzwedel und weitere sechs Städte erhalten hätte, die man nun die Altmark nennen würde. Woher er das wusste, ist allerdings offen. Es könnte aber stimmen, immerhin sagt 1208 eine Urkunde König Ottos IV. (1198–1218), eines Sohnes Heinrichs des Löwen, dass dieser Besitzungen in der altmärkischen Wische hatte. Dessen Vater, Heinrich der Stolze, entstammte der Ehe Herzog Heinrichs des Schwarzen von Bayern und Wulfhilds, der Schwester Eilicas. Also kommen wohl auch die welfischen Güter in der Altmark aus dem Erbe der Billunger, doch sind darüber hinaus stadische Wurzeln in Betracht zu ziehen.

Letzteres gilt für die Askanier ebenfalls: Als sich Herzog Lothar von Sachsen und Markgraf Rudolf von der Nordmark aus dem Hause der Grafen von Stade 1112 gegen Kaiser Heinrich V. empörten, ersetzte dieser Lothar durch Otto von Ballenstedt und gewann Rudolf die Burg Salzwedel ab. Wenige Wochen später wurde der Graf von Süpplingenburg jedoch mit dem Herzogtum Sachsen, auf das Otto wieder verzichten musste, erneut belehnt. Als magere Entschädigung könnte der Kaiser dem Vater Albrechts des Bären Salzwedel übertragen haben, das er in dem Falle den Stadern nicht zurückgegeben hätte.

Güter dieser Familie gelangten vielleicht auch über Adelheids Mitgift an die Askanier. Die Schwester Albrechts des Bären hatte den Grafen Heinrich IV. von Stade geheiratet, der als Heinrich II. seit 1106 (bis 1114 unter Vormundschaft seines Onkels Rudolf I.) Markgraf der Nordmark war und 1128 ohne Nachkommen starb. Darauf vermählte sich Adelheid mit dem Grafen Werner (III.) von Veltheim, den die allerdings erst im 13. Jahrhundert verfassten Stader Annalen als Vasallen Heinrichs bezeichnen. Werner erscheint 1157 erstmals als Graf von Osterburg und könnte die betreffende altmärkische Region daher zunächst von den Stadern zu Lehen getragen haben.

Nachdem Rudolf II., der letzte Graf von Stade, 1144 erschlagen worden war, kamen möglicherweise weitere Besitzungen dieses Geschlechts in der späteren Altmark an Albrecht den Bären. Darunter befand sich vielleicht auch Salzwedel – falls es den Stadern verblieben sein sollte und Kaiser Heinrich V. den Ort nicht Graf Otto von Ballenstedt übergeben hatte. Im Zusammenhang mit der Ausstattung des 1144 gegründeten Prämonstratenserstiftes Jerichow sagen die darüber ausgestellten Urkunden, dass damals in dem Raum stadische Ritter auf beiden Seiten der Elbe – also in der Altmark und im Elb-Havel-Winkel – saßen. Graf Udo II. von Stade, Markgraf der Nordmark (1057–1082), soll nach einem umstrittenen Bericht der im Kloster Pegau (bei Groitzsch, südlich von Leipzig) um 1150 entstandenen Annalen Vormund des Grafen Wiprecht von Groitzsch († 1124) gewesen sein, dessen Erbe in der östlichen Altmark er sich angeblich nahm, wofür er dem jungen Wiprecht den Burgbezirk Groitzsch übergeben habe. Allerdings riss Heinrich der Löwe 1145 große Stücke der Stader Hinterlassenschaft an sich, wozu möglicherweise auch Güter in der Altmark gehörten.

Albrechts Kampf mit Heinrich dem Löwen und dessen Stärkung durch Friedrich Barbarossa

1151 zeigte sich, dass der Streit zwischen Albrecht dem Bären und Heinrich dem Löwen weiter schwelte. Der König und der Askanier wollten Braunschweig überfallen, einen der Lieblingssitze des Welfen, den sie zu diesem Zeitpunkt in Süddeutschland glaubten. Doch kurz vor ihrem Eintreffen erreichte der gewarnte Herzog nach einem Gewaltritt die Stadt. Als das Konrad III. erfuhr, ließ er sein Heer umkehren. Zwischen dem Herzog und dem Markgrafen kam es offenbar trotzdem noch zum Kampf, denn die kurz vor 1200 im Stift Steterburg südlich von Braunschweig entstandene Chronik berichtet zu 1151 über einen Krieg der beiden. Dabei werden für Heinrich den Löwen 5.000 und bei Albrecht dem Bären 1.500 Ritter angegeben. Allerdings ist die Quelle welfenfreundlich, doch konnte der Herzog von Sachsen sicher mehr Krieger aufbieten als der Markgraf der Nordmark, die sich obendrein auch nach dessen Herrschaftsantritt im Stodoranengebiet noch zu großen Teilen in slawischer Hand befand.

Im Februar 1152 starb König Konrad III. Daraufhin wählten die deutschen Fürsten den Sohn seines Bruders, Herzog Friedrichs II. von Schwaben (1105–1147), Friedrich I. Barbarossa, zum Nachfolger. Dessen Mutter war die Schwester des Vaters Heinrichs des Löwen. Bald wurde deutlich, dass sich die beiden Vettern gegenseitig unterstützten, was Albrecht dem Bären angesichts seiner Rivalität zu dem Welfen sicher missfiel. Doch kam damals als Kandidat für den Königsthron neben Friedrich wohl nur Heinrich der Löwe ernsthaft in Betracht, dessen Wahl dem Askanier allerdings noch größere Schwierigkeiten bereitet hätte.

Obendrein war im Januar 1152 Graf Hermann II. von Winzenburg (westlich von Goslar) mit seiner Gemahlin Liutgard von Stade ermordet worden. Die beiden hinterließen keinen Sohn. Albrechts Gemahlin Sophia war anscheinend die Schwester des letzten Winzenburgers, dessen reiche Hinterlassenschaft nun der Markgraf der Nordmark und Heinrich der Löwe beanspruchten. Darüber brachen erneut Kämpfe zwischen ihnen aus, die nach chronikalischen Berichten im westlichen Harzraum stattfanden.

Barbarossa konnte den Streit um die Plötzkauer und die Winzenburger Güter 1152 erst beim zweiten Versuch schlichten: Heinrich der Löwe bekam mit diesen den wesentlich wertvolleren Teil, während sich Albrecht der Bär mit der Grafschaft Plötzkau begnügen musste. 1154 stärkte der König den Welfen noch mehr, indem er ihn auch als Herzog von Bayern anerkannte und ihm obendrein in dessen Eigenschaft als Herzog von Sachsen erlaubte, in Vertretung des Herrschers die Bischöfe von Oldenburg, Mecklenburg sowie Ratzeburg einzusetzen und auszustatten. Die ständige Steigerung der Macht des größten Rivalen erfüllte Albrecht den Bären sicher mit wachsender Sorge.

Anfang September 1155 nahm der Askanier mit seiner Familie als Vogt an der Weihe der neuen Kirche des Prämonstratenserstifts Leitzkau teil. Im selben Jahr stellte er als Graf von Aschersleben in einem dort von ihm geleiteten Grafengericht eine Urkunde aus, unter deren vielen Zeugen eine ganze Reihe ostsächsischer Adliger erscheint, deren Sitze nicht zur Grafschaft

Aschersleben gehörten. Deswegen vermutet die Forschung, dass das Zusammentreffen auch für Absprachen diente, die sich gegen Heinrich den Löwen richteten. Aschersleben war daher wahrscheinlich zu dieser Zeit einer der Hauptsitze Albrechts des Bären.

Heinrich der Löwe führte indessen das größte Kontingent des Heeres, mit dem Friedrich Barbarossa 1154 nach Rom gezogen war, wo er 1155 die Kaiserkrone aus den Händen des Papstes empfing. Unmittelbar nach dem Festakt brach in der Stadt eine Rebellion gegen Friedrich aus, die vor allem durch den Welfen blutig niedergeschlagen wurde. Der Askanier beteiligte sich an diesem Italienzug nicht.

1156 gelangte das Herzogtum Bayern dann endgültig an Heinrich den Löwen, nachdem Barbarossa das Kunststück zu Stande gebracht hatte, den bisherigen Inhaber, Heinrich Jasomirgott, zum Verzicht zu bewegen. Dem Babenberger war das Amt durch den Tod seines 1141 ohne Söhne gestorbenen Bruders Leopold IV. zugefallen. Dieser bekam Bayern 1139, nachdem König Konrad III. das Land Heinrich dem Stolzen, dem Vater Heinrichs des Löwen, entzogen hatte. Die Mutter der beiden Babenberger war Agnes, die Tochter Kaiser Heinrichs IV. Sie hatte in ihrer ersten Ehe mit dem 1079 durch ihren Vater zum Herzog von Schwaben ernannten Staufer Friedrich I. († 1105) dessen Nachfolger Friedrich II. und den späteren König Konrad III. zur Welt gebracht.

Um seinen Halbonkel Heinrich Jasomirgott zum Verzicht auf Bayern zu bringen, trennte Barbarossa im September 1156 die bisherige bayerische Ostmark, die alte Markgrafschaft der Babenberger, von Bayern und verlieh sie ihm als neues Herzogtum Österreich. Heinrich der Löwe war nun Herzog von Sachsen und Herzog von Bayern.

Askanier und Wettiner

1156 teilte Markgraf Konrad von Meißen und der Lausitz aus dem Hause Wettin die von ihm regierten Lande und gab sie seinen Söhnen. Der älteste, Otto, übernahm die Mark Meißen. Er war mit Hedwig, einer Tochter Albrechts des Bären, vermählt und ging als Otto der Reiche (1156–1190) in die Geschichte ein, weil er sich den größten Teil des Silbers abliefern ließ, dessen Förderung damals begann. Man fand es im bei Helmold von Bosau noch „Böhmerwald" genannten Erzgebirge, das diesen Namen erst im 16. Jahrhundert erhielt. Dort entstanden in den 1160er Jahren Siedlungen, aus denen sich die Bergarbeiterstadt Freiberg entwickelte. Den Brunnen ihres Obermarktes krönt eine Statue Ottos des Reichen. Dessen Schwester Adela war Königin von Dänemark. Nach dem Tode ihres Gemahls heiratete sie den Grafen Adalbert von Ballenstedt († um 1171), einen Sohn Albrechts des Bären.

Am 30. November 1156 trat Konrad von Wettin als Mönch in das Peterskloster auf dem Lauterberg (heute Petersberg) bei Halle ein. Albrecht nahm an der von Erzbischof Wichmann von Magdeburg (1152/54–1192), einem Neffen Konrads, geleiteten Zeremonie teil. Beide weilten dort auch anlässlich der feierlichen Beisetzung Konrads von Wettin, nachdem dieser am 5. Februar 1157 gestorben war.

Verlust und Rückeroberung der Brandenburg

Gleich darauf nahm ein anderes Ereignis die Aufmerksamkeit Albrechts des Bären in Anspruch. Es sollte zum bekanntesten Erfolg des Markgrafen führen, und dazu müssen wir wieder in den Traktat über die Brandenburg sehen. Dort heißt es, dass die Nachricht vom Tod Pribislaw/Heinrichs einen gewissen Jaczo tief betrübt habe, der Inhaber einer fürstlichen Herrschaft in Polen und ein Onkel des Verstorbenen gewesen sei. Ob das Verwandtschaftsverhältnis korrekt wiedergegeben ist, wissen wir nicht. Denn der Hevellerfürst soll ja das Zeitliche in einem hohen Alter gesegnet haben. Neben der Trauer erfasste Jaczo Kummer darüber, dass er um sein Erbe gebracht worden war. Binnen kurzer Zeit bestach er deshalb Albrechts Mannen auf der Brandenburg, die ihm eines Nachts die Tore öffneten. Daraufhin zog Jaczo *cum magno exercitu Polonorum* (mit einem großen Heer, das aus Polen bestand) in die alte Havelfeste ein. Deren Besatzung, die den Markgrafen für Geld verraten hatte, ließ er zum Schein nach Polen in die Gefangenschaft bringen. Ob der letzte Satz aber schon in der ursprünglichen Fassung des Traktats stand, ist offen.

Der Rivale Albrechts des Bären im Kampf um die Brandenburg wird in der Forschung meist mit einem Herrscher identifiziert, der Münzen mit der Aufschrift JACZA (auch JACZO) DE

COPNIC oder IACZA COPTNIC CNE(S) prägen ließ. „Knes" ist ein slawisches Wort für Fürst. Der größte Teil dieser Brakteaten wurde im 19. Jahrhundert bei Gabow (nördlich von Bad Freienwalde) gefunden. Sie stammen etwa aus der Zeit von 1150 bis 1170. Der heute meist als „Jaxa von Köpenick" bekannte Gegner Albrechts des Bären war anscheinend ein polnischer Fürst, dem auch das Slawengebiet um die Burg Köpenick unterstand, die an der Stelle des heutigen Schlosses in Berlin-Köpenick lag.

Jaxas Handstreich, für den der Traktat keinen Zeitpunkt angibt, zwang den Markgrafen zur Belagerung der Brandenburg, die am 11. Juni 1157 kapitulierte. In der Forschung wird gestritten, wann Jaxa innerhalb der in Betracht kommenden Frist von 1150 bis 1157 die Havelfeste besetzte. Auf dieses Ereignis bezog Hans-Dietrich Kahl die Nachricht der Pöhlder Annalen zum Jahre 1153, wonach Einfälle von „Barbaren" der *provincia* großen Schaden zugefügt hätten. Welche Region hier mit „Provinz" gemeint war, ist aber unklar. Und die christlichen Polen wurden damals kaum als „Barbaren" bezeichnet. Auch die Information derselben Quelle zu 1155, dass Konrad von *Ploceke* und andere Getreue des Markgrafen in einem von Slawen gelegten Hinterhalt umgekommen seien, hilft nicht weiter. Unabhängig davon, ob man *Ploceke* mit Plötzkau oder Plötzky (südöstlich von Magdeburg) identifiziert, bleibt offen, wo das Ereignis stattfand. Es könnte z. B. im Zusammenhang mit Versuchen askanischer Ritter gestanden haben, Aktionen von Slawen zur Störung des Dombaus in Havelberg zurückzuschlagen. Auch sind natürlich derartige Angriffe auf die von Albrecht dem Bären seit 1150 besetzte Brandenburg – bevor Jaxa dort auftauchte – nicht ausgeschlossen, von denen wir wegen der dürftigen Überlieferung keine Kenntnis besitzen.

Sollte der Askanier wirklich die endlich in seine Hand gefallene alte Fürsten- und Bischofsresidenz an der Havel auf Jahre anderen überlassen haben, nachdem sie ihm auf derart schmähliche Weise wieder entrissen worden war? Dies ließ das damals sehr große Ehrgefühl eines hohen Adligen wohl kaum zu. Obendrein beobachteten ja auch andere aufmerksam das Wirken des Markgrafen der Nordmark in der sächsisch-slawischen Grenzzone, vor allem der Herzog von Sachsen, der Markgraf von Meißen und der Lausitz, der Erzbischof von Magdeburg, der Bischof von Brandenburg und nicht zuletzt der König. Und gerade Friedrich I. Barbarossa war sehr auf die Ehre des Reiches und seiner Krone bedacht. Eine jahrelange Untätigkeit des Markgrafen der Nordmark ist vor diesem Hintergrund in der damaligen Situation kaum vorstellbar.

Vermutlich bemächtigte sich Jaxa von Köpenick der Brandenburg im Frühjahr 1157, eventuell im März. Albrechts Sohn Otto war zwar mit der Schwester der polnischen Herzöge verheiratet. Doch gegen diese bereitete Friedrich Barbarossa wohl seit März 1157 einen Krieg vor, weil sie sich weigerten, bestimmten Forderungen des Kaisers nachzukommen. Die Besetzung der Brandenburg durch ein polnisches Aufgebot könnte damit im Zusammenhang gestanden haben.

Nun war Albrecht der Bär natürlich zum Gegenschlag gezwungen, über den der Traktat Folgendes berichtet: Nachdem Markgraf Adelbert von Jaxas Handstreich erfahren hatte, sammelte der von seiner Jugend an eifrig im Kriege erprobte Mann ein großes Heer und führte es zu der ihm hinterlistig entrissenen Brandenburg. Wegen der starken Befestigungen wurde sie von drei Stellen aus lange belagert. Dann erkannten die Verteidiger, dass ihre Situation aussichtslos war, und baten um Verhandlungen. In denen versprachen ihnen die Anführer des Belagerungsheeres mit Handschlag freien Abzug. Nachdem

Jaxas Männer die Brandenburg geräumt hatten, begab sich Albrecht der Bär mit einem großen Gefolge am 11. Juni 1157 in die Feste, ließ an einem erhöhten Ort eine Fahne aufpflanzen und dankte Gott für den Sieg.

Dass der Askanier von seiner Jugend an eifrig im Kriege erprobt war, ist eine der wenigen zeitgenössischen Beschreibungen des Markgrafen. Das gilt auch für die Einschätzung des Abtes Wibald von Stablo und Corvey (1131–1158), der Albrecht den Bären 1148 als einen wahrhaft klugen Mann bezeichnete, der der Inbegriff von Anstand und Disziplin gewesen sei. Allerdings wurden solche Charakterisierungen damals oft recht formelhaft verwendet. So heißt es z. B. mehrfach von Königen, dass sie für Freunde die treuesten, gegen Feinde aber die furchtbarsten Männer gewesen seien. Derartige Beschreibungen stammen meist von Chronisten, die die Fürsten, über die sie berichteten, in der Regel nicht persönlich kannten. Wibald war jedoch nach seinen eigenen Worten ein enger Vertrauter Albrechts des Bären.

Die Rückgewinnung der Brandenburg durch den Markgrafen der Nordmark beendete die seit 928/29 immer wieder überlieferten Kämpfe um den alten Sitz der Hevellerfürsten, dessen erste Anlage vermutlich um 850/60 oder etwas später vom Stamm der slawischen Stodoranen errichtet worden war.

Der Zehntstreit

Die in Weimar liegende Abschrift des Traktats aus dem 15. Jahrhundert hatte nicht dessen ursprüngliche Fassung als Vorlage, die – wie erwähnt – wohl von einem Geistlichen am Hofe Markgraf Ottos I. von Brandenburg ungefähr zwischen 1170 und 1180 verfasst worden war, sondern eine erweiterte Version. Diese stammt vermutlich aus der Feder eines wahrscheinlich in den 1230er Jahren schreibenden Brandenburger Domherrn. Damals stritten die Markgrafen und die Bischöfe von Brandenburg um den Zehnten eines größeren Gebietes der Mark. Bei dieser Leistung handelte es sich ursprünglich um den zehnten Teil der Ernte und des Viehs. Die Bauern mussten ihn der Kirche geben. Die Wurzeln des Streits lassen sich bis 1210 verfolgen.

In dem Jahr schrieb Papst Innozenz III. (1198–1216) in einem Brief, dass er von Markgraf Albrecht II. von Brandenburg (1205–1220) erfahren habe, dass dieser, dessen Bruder, Vater sowie Großvater (Albrecht der Bär) einen „nicht geringen Teil" ihres Fürstentums Heiden entrissen hätten. Die Region liege wüst, weshalb sie der Landesherr besiedeln wolle. Dafür plane Albrecht II., dass er und seine Nachfolger künftig zwei Drittel des eigentlich der Kirche zustehenden Zehnten des betreffenden Bereichs der Mark selbst einziehen. Das Geld solle u.a. als

Unterhalt von Rittern dienen, die zum Schutz der Kolonisten vor heidnischen Angriffen erforderlich seien.

Dem stimmte der Bischof von Brandenburg damals zu, doch über 20 Jahre später entwickelte sich daraus ein Streit, der bis vor die Kurie in Rom kam. In dieser Zeit waren ja immer mehr Siedlungen entstanden und damit die der Kirche entgehenden Geldmengen gewaltig angewachsen. 1210 bezeichnete Markgraf Albrecht II. nur sich und seine Vorgänger als diejenigen, die einen „nicht geringen Teil" der Mark Brandenburg Heiden entrissen hätten. Deshalb sollten Gesandte des Bischofs in den 1230er Jahren dem Papst die Mitwirkung der Kirche an diesem Prozess versichern. Dazu wurde der Bericht des Traktats nach der Urkunde Bischof Wilmars von 1166 (1165) um die Information über die Ansiedlung von Prämonstratensern an der Gotthardtkirche vor der Brandenburg durch Wilmars Vorgänger Wigger ergänzt. Ein weiterer Zusatz gibt auf Grund zweier Dokumente Wilmars und Erzbischof Wichmanns von Magdeburg aus dem Jahre 1161 an, dass sich dieser sowie andere Edle an der Aufstellung des Heeres beteiligt hatten, mit dem Albrecht der Bär 1157 die Brandenburg belagerte.

1161 verwies der Erzbischof in einer Urkunde nämlich selbst auf seine (leider nicht näher erläuterte) große Anstrengung (*noster magnus labor*) bei der blutigen Rückführung der Brandenburg unter christliche Herrschaft. Damit meinte er sicher nicht nur Gebete für den Sieg des Markgrafen. Und so deutete der Brandenburger Domherr, der den Traktat in den 1230er Jahren erweiterte, diese Anstrengung wohl nicht zu Unrecht als Waffenhilfe. Auch die Pöhlder Annalen erwähnen Wichmanns Mitwirkung an der Rückeroberung der Brandenburg sowie den Tod eines Neffen Albrechts des Bären in den Kämpfen. Dabei handelte es sich um Graf Werner IV. von Veltheim und Osterburg (Altmark), dessen Vater, Graf Werner III. von Veltheim und Osterburg, der zweite Gemahl der Schwester Albrechts war. Der junge Graf soll nach späteren Quellen bei der Belagerung der Havelfeste 1157 in einem Kahn ums Leben gekommen sein.

Dass der Bischof von Brandenburg an der Einnahme des alten Sitzes der Stodoranenfürsten mitwirkte, wird in der von einem Brandenburger Domherrn in den 1230er Jahren vorgenommenen „Überarbeitung" des Traktats merkwürdigerweise nicht gesagt. Das wäre doch für die Argumentation im Zehntstreit besonders wichtig gewesen. Immerhin informieren die Zusätze – neben der Ansiedlung von Prämonstratensern vor Pribislaw/Heinrichs Residenz durch Bischof Wigger und der Waffenhilfe Erzbischof Wichmanns bei der Rückeroberung der Havelfeste 1157 – noch über die Umsiedlung des Domkapitels von der Gotthardtkirche auf die Brandenburg und den Beginn des dortigen Dombaus im Jahre 1165.

Den Zehntstreit beendete eine Übereinkunft, deren Wortlaut der Bischof von Merseburg dort am 28. Februar 1238 in einer Urkunde festhalten ließ. Er war einer der für diesen Zwist vom Papst eingesetzten Schlichter. Der „Merseburger Vertrag" überliefert, dass an der Abschlussverhandlung am 28. Oktober 1237 im Hospital des Brandenburger Domes u. a. der Pfarrer Symeon von *Colonia* (Cölln) teilnahm. Das ist die erste Erwähnung der Stadt, die damals neben Berlin lag, mit dem sie später vereinigt wurde. Die früheste schriftliche Nennung Berlins erfolgte am 26. Januar 1244, als wahrscheinlich derselbe Symeon in einer Urkunde der Markgrafen von Brandenburg als Propst von *Berlin* auftaucht. Von wem und wann Berlin und Cölln angelegt wurden, ist in der Forschung umstritten. Die Archäologie datiert die gleichzeitigen Anfänge beider Siedlungen inzwischen in die zweite Hälfte des 12. Jahrhunderts, manchmal schon bald nach 1150.

Erster Markgraf von Brandenburg

Nachdem er die alte Residenz der Hevellerfürsten nicht nur geerbt, sondern auch erobert hatte, bezog Albrecht der Bär seinen Markgrafentitel auf sie. Die Brandenburg gehörte zwar seit 928/29 dem ostfränkischen, nun deutschen König, der auf ihr einen Bischof eingesetzt hatte. Doch sind nach 997 keinerlei Anstrengungen der Herrscher oder der Bischöfe zur Rückeroberung der 983 wieder an die Slawen gefallenen Havelfeste überliefert.

Die erste Urkunde, in der sich Albrecht der Bär „Markgraf von Brandenburg“ nannte, ist das am Beginn dieses Buches erwähnte Dokument, das der Askanier am 3. Oktober 1157 in Werben an der Elbe in der Altmark ausstellen ließ. Leider ging das Original später verloren, aber immerhin kennen wir seinen Wortlaut, weil er im 15. Jahrhundert im Kloster Ilsenburg am Harz in ein Kopialbuch eingetragen wurde. Natürlich könnte es sein, dass erst dabei nach *marchio* (Markgraf) der Zusatz *in Brandenborch* vom Abschreiber vorgenommen wurde. Doch bezeichnete sich Albrecht der Bär wenige Wochen später als *marchio Brandenburgensis* (brandenburgischer Markgraf), und zwar in einer Urkunde, die er für das Prämonstratenserstift Leitzkau ausstellen ließ, während er Weihnachten 1157 in Magdeburg an einem Hoftag Kaiser Friedrichs I. Barbarossa teilnahm. Allerdings ist

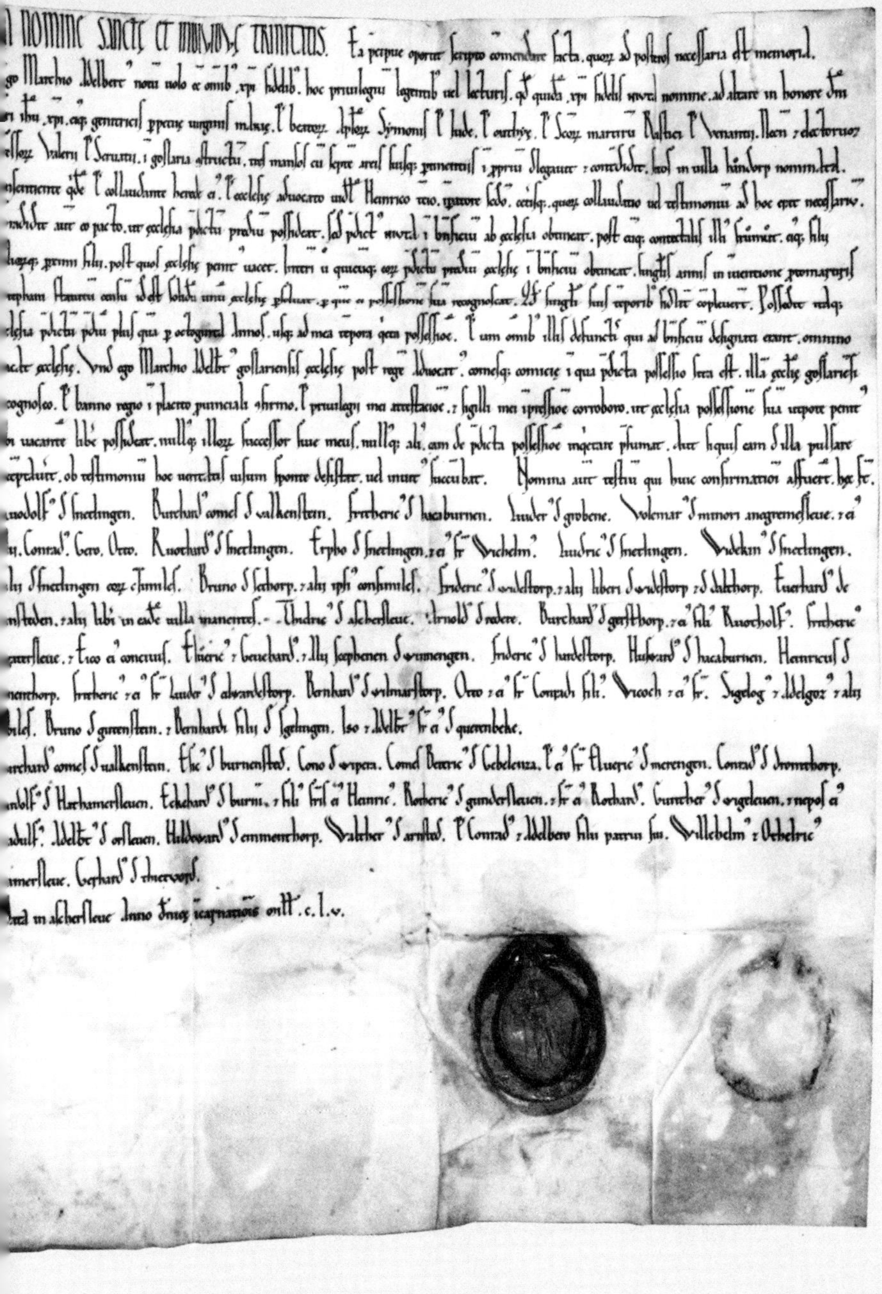

Abb. 32: Urkunde Albrechts des Bären von 1155

auch dieses Original verschollen, doch wurde es 1418 Kurfürst Friedrich I. von Brandenburg zur Bestätigung vorgelegt, dessen Schreiber in dem Zusammenhang den Wortlaut notierte.

Und obendrein führte Albrecht der Bär spätestens seit 1159 ein Siegel mit der Umschrift ADALBERTVS D[E]I GRA[TIA] BRANDENEBVRCHGENSIS MARCHIO (Adalbert, durch Gottes Gnade brandenburgischer Markgraf). Es hängt noch heute an einer Urkunde, die vom Abt des Klosters Ballenstedt stammt. Dessen Vogt war der Askanier, der dieses Siegel also auch außerhalb der damals noch ganz jungen Mark Brandenburg benutzte. Spätestens im November 1161 ließ Pfalzgraf Friedrich II. von Sachsen (1120–1162) eine Urkunde ausstellen. An ihr befindet sich auch ein Siegel Albrechts des Bären, das zwar diesmal ein anderes Bild, jedoch die gleiche Umschrift zeigt.

Offenbar wurden die Petschafte mit dem Brandenburg-Bezug nach der Rückeroberung der Havelfeste am 11. Juni 1157 angefertigt. 1155 stand auf einem Siegel Albrechts des Bären nur ADELBERTVS D[E]I GRA[TIA] MARCHIO (Adelbert, durch Gottes Gnade Markgraf).

Es sind 20 oder 21 Urkunden überliefert, die der Askanier zwischen 1151 und 1167 ausstellen ließ. Davon existieren noch fünf im Original – aus den Jahren 1155, 1160 (drei Dokumente) und 1162. Ein vollständiges Siegel trägt heute nur das erste der erhaltenen Schriftstücke, das letzte ein beschädigtes. Die beiden genannten Urkunden mit dem Brandenburg-Bezug des Markgrafenamtes von 1157 sind lediglich abschriftlich überliefert. Wir kennen ihre Siegel also nicht. Spätestens nach der Rückeroberung der Hevellerresidenz ließ der Askanier dort auch Münzen schlagen, auf denen vorn ALBERT und hinten BRANDEBV steht (nach Bernd Kluge).

Weil Albrecht der Bär den ab 928/29 immer wieder umkämpften Sitz der Stodoranenfürsten am 11. Juni 1157 endgültig einnahm, sich vier Monate danach erstmals selbst „Markgraf von Brandenburg“ nannte und wohl seit diesem Jahr ein neues Siegel führte, dessen Umschrift seinen Titel nun ebenfalls auf die alte Havelfeste bezog, gilt 1157 seit dem 19. Jahrhundert als „Geburtsjahr“ der Mark Brandenburg.

Dennoch erklären heute manche Historiker immer wieder mal bedeutungsschwanger, dass der Askanier nicht ihr Gründer gewesen sei. Das hängt aber lediglich davon ab, wie man dieses Wort in dem Zusammenhang definiert. Auf alle Fälle brachte Albrecht der Bär die alte Stodoranenresidenz endgültig in seine Gewalt und war der erste Markgraf von Brandenburg. Nach der Rückeroberung des Fürstensitzes an der Havel 1157 übernahm er diesen für ihn in der Kanzlei König Konrads III. ungefähr 1140 aufgekommenen, wenn auch nur einige Male gebrauchten Titel. Eine förmliche Verleihung der neuen Würde durch Konrad oder Kaiser Friedrich I. Barbarossa ist nicht bekannt. Ab 1172 wurden der älteste Sohn Albrechts des Bären, Otto I., und alle seine Nachfolger in königlichen Urkunden stets als Markgrafen von Brandenburg bezeichnet. Diesen Titel gab es nun bis 1918, obwohl er seit dem Ende des deutschen Königreiches 1806 eigentlich gegenstandslos war.

Unter Berücksichtigung der genannten Umstände darf Albrecht der Bär durchaus mit Recht als Gründer der Mark Brandenburg betrachtet werden.

Kaiser Friedrich I. Barbarossa reagierte auf die erneute Übernahme der Havelfeste durch Albrecht den Bären. Denn wohl er setzte laut Helmut Assing vermutlich Anfang 1158 einen Herrn von Belzig als Burggrafen von Brandenburg ein. In den Quellen taucht der allerdings erstmals 1160 auf. Der Burggraf sollte offenbar die Rechte des Königs an der Brandenburg wahren und zudem vielleicht in dessen Vertretung als Vogt des Bistums amtieren. Zwar besaß auch der Markgraf seine Befugnisse vom Reichsoberhaupt. Doch das im Auftrag der Krone ausgeübte Amt versuchte Albrecht der Bär wie andere Fürsten damals zunehmend in eigene Herrschaft umzuwandeln. Wenn es ihnen nützlich erschien, verwiesen jedoch auch spätere Markgrafen noch darauf, dass ihre Macht vom König stammte, so Kurfürst Friedrich II. Eisenzahn (1440–1470) im Jahre 1443.

Die Herren von Belzig hatten um die Burg Belzig südlich von Brandenburg anscheinend vor 1157 auf eigene Faust, möglicherweise aber auch auf Initiative des Reichsoberhauptes, eine Herrschaft errichtet. Schon deshalb dürften sie selbst daran interessiert gewesen sein, Albrechts neues Fürstentum nicht zu stark werden zu lassen. Vielleicht war der Herr von Belzig auch an der Rückeroberung der Brandenburg beteiligt. Denn 1187 sagte Albrechts Enkel, Markgraf Otto II. von Brandenburg (1184–1205), von sich und dem Sohn und Nachfolger des ersten Burggrafen von Brandenburg in einer Urkunde, dass sie und ihre Eltern den der Brandenburger Kirche gehörenden Boden, der immer noch häufig von Heiden angegriffen werde, mit deren Blut getränkt hätten. Der Vater Ottos II., Markgraf Otto I., gehörte als ältester Sohn Albrechts des Bären sicher zu den Befehlshabern des Heeres, das die Brandenburg 1157 zur Kapitulation zwang.

Die Askanier mussten vermutlich zunächst noch weitere Einschränkungen im Stodoranengebiet hinnehmen. Dessen östliche Burgen Spandau und Potsdam überließen sie nach Helmut Assing möglicherweise als Dank für die Waffenhilfe vorerst dem Erzbischof von Magdeburg. Auch kleinere Adlige, die an der Einnahme der Brandenburg mitgewirkt hatten, erhielten offenbar Güter im Havelland.

Der Beginn der Kolonisation

Anfang 1158 zog Albrecht der Bär mit seiner Gemahlin und Bischof Ulrich von Halberstadt (1150–1160, 1177–1180) ins Heilige Land. Viele Fürsten Europas, die nicht an Kreuzzügen in den Orient teilgenommen hatten, reisten damals wenigstens ins Königreich Jerusalem. Dort besuchten sie in der Regel dessen Hauptstadt sowie Bethlehem, Nazareth und das Jordantal. Vielleicht hatte der Markgraf dies für den Fall gelobt, dass ihm mit Gottes Hilfe die Rückeroberung der Brandenburg gelingen würde. Einzelheiten der Pilgerfahrt kennen wir nicht. Sie begann wohl auf der Donau und führte vermutlich über Konstantinopel. Vielleicht empfing ihn dort Kaiser Manuel von Byzanz (1143–1180), der mit der Schwester der Gemahlin König Konrads III. verheiratet war. 1159 ist Albrecht wieder in der Heimat nachweisbar.

Jetzt widmete er sich stärker seinem neuen Land, dem Territorium der Heveller. Um diese Region, aber auch die östliche Altmark, den Havelberger Raum und natürlich die askanischen Stammbesitzungen möglichst vorteilhaft nutzen und die Herrschaft dort festigen zu können, leitete Albrecht der Bär – wie auch andere Fürsten – die Kolonisation ein. Gerade die elbslawischen Gefilde wiesen eine recht dünne Besiedlung auf; die meisten Dörfer lagen an Flüssen und Seen. Dagegen waren „Hoch-

Abb. 33: Slawische Handelsprodukte

flächen" wie Teltow und Barnim in der Regel kaum bewohnt und urbar gemacht. Große Wälder und Sümpfe trennten die Stammesgebiete.

Allerdings hatte es auch bei den Nordwestslawen seit etwa 1000 einen wirtschaftlichen Aufschwung gegeben, verbunden mit dem Wachstum der Bevölkerung. Die Brandenburg, die Burgwälle Spandau und Köpenick sowie einige weitere derartige Anlagen entwickelten sich mit ihren Vorburgen und umliegenden Siedlungen zu Burgstädten. Vor allem dort, aber auch in kleineren slawischen Niederlassungen der Zeit vom späten 10. Jahrhundert bis um 1150 fanden Archäologen Hinweise auf teilweise hochentwickeltes, spezialisiertes Handwerk und regen Handel – nicht selten sogar mit weit entfernten Regionen. Damals war zudem ein Landesausbau mit Rodungen zur Gewinnung neuer Ackerflächen in Gang gekommen.

Albrecht der Bär besaß bereits Erfahrungen in der Kolonisation: 1142 hatte er mit Herzog Heinrich dem Löwen von Sachsen sowie dem Erzbischof von Bremen einen Sumpf bei Delmenhorst aufgeteilt und Siedlern zur Urbarmachung überlassen. Auch die Verdrängung slawischer Bauern durch deutsche Kolonisten kannte der Askanier. 1149 erscheint er als Vogt des Klos-

ters Nienburg (an der Saale) unter den Zeugen einer Urkunde Erzbischof Friedrichs von Magdeburg. Aus ihr geht hervor, dass der Abt von Nienburg in dem Burgbezirk Kleutsch (südöstlich von Dessau) heidnische Slawen durch christliche Neusiedler ersetzte. Albrecht wusste auch, dass der Bischof von Havelberg 1150 von König Konrad III. die Erlaubnis erwirkt hatte, Kolonisten aus aller Herren Länder in das Hochstift, den weltlichen Machtbereich eines Bistums, zu holen.

Seit dem 10. Jahrhundert gewann man in den Niederlanden und Flandern durch Rodung, Eindeichung sowie Trockenlegung von Sümpfen neue Äcker. Beide Regionen gehörten damals zum deutschen Königreich, von der Grafschaft Flandern allerdings nur das sogenannte Reichsflandern östlich der Schelde. In den genannten Gebieten wuchs die Bevölkerung im 11. und 12. Jahrhundert besonders schnell, während andererseits immer wieder Sturmfluten die Küsten verheerten. Deshalb suchten Flamen damals in England, aber auch östlich von Elbe und Saale eine neue Existenz, wo man ihre Erfahrungen beim Bau von Deichen schätzte.

1159 lebten im Dessauer Raum aus Flandern stammende Menschen unter der Herrschaft Albrechts des Bären. Die entsprechende Urkunde des Abtes des Klosters Ballenstedt, dessen Vogt der Markgraf war, informiert zudem darüber, dass der Geistliche zwei bisher von Slawen bewohnte Dörfer an der unteren Mulde Flamen verkauft hatte. An diesem Pergament befindet sich das oben erwähnte Siegel, das den Askanier in der Umschrift „brandenburgischer Markgraf“ nennt.

1159 bezeugte er auch die Urkunde, mit der Erzbischof Wichmann von Magdeburg das Dorf Wusterwitz (westlich von Brandenburg an der Havel) Kolonisten übergab und sie dabei u.a. zur Errichtung einer Ortsumwallung gegen heidnische Überfälle verpflichtete. Wieder kamen die Siedler aus Flandern. Nicht zufällig heißt der zwischen Brandenburg und Dessau liegende Höhenzug „Fläming“.

Wahrscheinlich 1160 gründete Albrecht der Bär in der östlichen Altmark bei seinem Dorf Stendal einen Markt. Dessen Bebauungsbeginn in dieser Zeit konnten Archäologen bestätigen. Um Kaufleute dorthin zu locken, befreite sie der Fürst für fünf Jahre von Zins- und Zollzahlungen. Das schien erfolgreich gewesen zu sein, denn die Siedlung wuchs so schnell, dass ihr der Markgraf nach Ablauf der Frist das Magdeburger Stadtrecht verlieh. Zugleich entband er die Stendaler nun auch von der Entrichtung des Zolls in den Burgen Brandenburg, Havelberg, Werben, Arneburg, Tangermünde, Osterburg, Salzwedel sowie allen dazugehörenden Dörfern. Die genannten Orte lagen nach Aussage der Urkunde in Albrechts Herrschaftsbereich. Das Schriftstück entstand wohl 1165 und enthielt auch die fünf Jahre zuvor erlassenen Bestimmungen. Die östlichsten Burgen des Hevellerlandes, Potsdam und Spandau, sind nicht erwähnt, was ebenfalls darauf hinweisen könnte, dass sie der Askanier 1157 dem Erzbischof von Magdeburg für dessen Hilfe bei der Rückgewinnung der Brandenburg überlassen hatte.

So leitete der Markgraf die Entwicklung Stendals zu einer Stadt ein. Es gibt zwar Urkunden von – angeblich – 1022, die den Ort erwähnen, doch beide sind Fälschungen aus der zweiten Hälfte des 12. Jahrhunderts. Das ist dem Oberbürgermeister bekannt, hinderte ihn allerdings nicht daran, eine 1000-Jahr-Feier Stendals für 2022 zu planen. Auch in der Umgebung der Stadt entstanden zur Zeit der Marktgründung Siedlungen. Eichen für das Dachwerk der Kirche des südwestlich liegenden Dorfes Buchholz wurden 1154 gefällt. Dabei handelt es sich nach dem Restaurator Ulf Frommhagen um das älteste steinerne Gotteshaus in dem Raum.

Flurnamen dieser Region deuten auf die Einwanderung von Flamen, die auch mit der Entwässerung der altmärkischen Wische begannen. 1209 betont eine Urkunde Markgraf Albrechts II. von Brandenburg die Pflicht zur Instandhaltung der dortigen Elbdeiche.

Immer wieder ist bezweifelt worden, dass das im Original nicht erhaltene Marktgründungsprivileg Albrechts des Bären für Stendal echt war, auch 2020 von Christian Warnke in dem Band *Albrecht der Bär, Ballenstedt und die Anfänge Anhalts*. Der Autor vermutet, dass das Ganze erst um 1560 von einem Stendaler Bürgermeister unter Benutzung älterer Urkunden aufgesetzt worden sei. Der habe damit die Altehrwürdigkeit seiner Stadt betonen wollen, die damals gegenüber dem aufstrebenden Berlin an Bedeutung verlor. Das wäre allerdings völlig nutzlos gewesen. Vor allem scheitert es aber daran, dass die in Magdeburg liegende älteste erhaltene Handschrift des Stendaler Marktgründungsprivilegs bereits aus dem 15. Jahrhundert stammt – wie auch Warnke mehrfach angibt. Der Text kann also nicht erst um 1560 erdacht worden sein.

Der Chronist Helmold von Bosau schreibt im 89. Kapitel des ersten Buches seiner Chronik über die Ansiedlungspolitik Albrechts des Bären: „Er unterwarf das ganze Land der Brizanen [um Havelberg], der Stodoranen und der vielen an Havel und Elbe siedelnden Stämme und zügelte die Rebellen unter ihnen. Als die Slawen dann weniger wurden, sandte er [Boten] nach Utrecht und in die Lande am Rhein, obendrein zu denen, die am Ozean leben und unter den Meeresgewalten litten, nämlich zu den Holländern, Seeländern sowie Flamen, führte von diesen viele Menschen heran und befahl ihre Ansiedlung in den Burgen und Siedlungen der Slawen [...]. Auch das südliche Ufer der Elbe begannen holländische Ankömmlinge in dieser Zeit zu besiedeln; von der Burg Salzwedel besetzten Holländer alles Sumpf- und Ackerland, das Land, das Balsamerland und Marschinerland genannt wird, sowie sehr viele Städte und Flecken bis zum Böhmerwald [also von der Altmark bis zum Erzgebirge]."

1160 schenkte Albrecht der Bär die (Einkünfte der) Kirche in Werben (Elbe) in der Altmark und sechs nach holländischem Maß abgesteckte Hufen eines nicht genannten Dorfes dem Johanniterhospital in Jerusalem. Der Name des sicher auch in diesem Raum gelegenen Ortes sollte in der Urkunde offenbar nachgetragen werden, was aber aus unbekannten Gründen unterblieb. Die Vermessung der sechs Ackerstücke nach holländischer Art zeigt, dass 1160 aus Holland bzw. Flandern eingewanderte Kolonisten in der Altmark lebten. Der Markgraf erklärte bei der Verfügung, dass er die Werbener Kirche geerbt habe; wir erfahren aber nicht, ob vom Vater oder von der Mutter. Diese Schenkung bildet die Grundlage für die Entwicklung einer Johanniterkomturei in Werben zu Beginn des 13. Jahrhunderts.

Die Johanniter waren einer der nach dem ersten Kreuzzug im Heiligen Land entstandenen Ritterorden. Die nahmen Adlige auf, die gemäß den Mönchsgelübden (Armut, Keuschheit und Gehorsam) zusammenlebten, um die Kreuzfahrerstaaten mit dem Schwert zu schützen, und umfassten auch bewaffnete

Abb. 34: Kirche in Werben (Elbe)

Knechte sowie Priester. Seit der Mitte des 12. Jahrhunderts übertrugen in Europa Fürsten diesen Ritterorden Güter. Solche Besitzungen unterstanden in der Regel einem Komtur und wurden landwirtschaftlich genutzt. Komtur ist „eingedeutscht" von lateinisch *commendator* („Befehlshaber", davon „Kommandant" und „Kommandeur"). Die Komture waren Ordensritter, die „Komtureien" oder „Kommenden" leiteten. Ein Teil der dort erzielten Erträge floss ins Heilige Land, u. a. in die Errichtung der großen Kreuzritterburgen, von denen noch beeindruckende Ruinen zeugen.

Albrecht der Bär hatte den Johanniterorden vermutlich in Jerusalem kennengelernt. Auch in den Urkunden für Werben, für zwei Kirchen in Köthen (beide von 1160) und für Stendal (deren überlieferter Wortlaut vermutlich 1165 aufgeschrieben wurde) nennt sich der Askanier „brandenburgischer Markgraf".

Östlich von Dessau widmete er sich ebenfalls der Kolonisation, denn sein Sohn Bernhard teilte dem Heiligen Stuhl mit, dass Albrecht der Bär auf früher heidnischem Boden Kirchen in Wörlitz und Pratau gegründet hatte. Das sagt ein päpstliches Dokument von 1196. Da der Markgraf die Elbübergänge sicher nicht ungeschützt ließ, geht vermutlich auch die Errichtung der deutschen Burgen in Coswig und Wittenberg auf ihn zurück.

1160 starben seine Gemahlin Sophia und deren Schwester Beatrix, Äbtissin des Damenstifts auf dem Schlossberg in Quedlinburg, das König Otto I. 936 gegründet hatte. Albrecht der Bär war mit Sophia vermutlich mehr als 35 Jahre verheiratet; wir kennen sieben Söhne und mindestens vier Töchter. In Anbetracht der damals hohen Kindersterblichkeit dürften es wahrscheinlich noch mehr gewesen sein.

Auch Heinrich der Löwe förderte in dieser Zeit die wirtschaftliche Entwicklung seiner Lande, so legte er in Bayern den Markt an, der 1158 in einer Urkunde Barbarossas erstmals als „Munichen" (München) erscheint. Gegen die Slawen im heutigen Mecklenburg ging er indes gewaltsam vor: 1160 unternahm der Welfe eine blutige Strafexpedition gegen Niklot, den Fürsten des Stammes der Obodriten. Der überfiel nämlich, obwohl es ihm Heinrich verboten hatte, immer wieder dänische Küstenstriche, wohl auch, um mit der Beute die vom Herzog verlangten Tribute leisten zu können. Bei diesem Feldzug entriss der Welfe den Obodriten die Burg Schwerin und setzte auf ihr einen Vasallen ein. Im selben Jahr fiel Niklot bei seiner Burg Werle (nordwestlich von Güstrow an der Warnow) im Kampf mit Rittern Heinrichs des Löwen.

Das Brandenburger Domkapitel und die Leitzkauer Untervogtei

Nachdem die Brandenburg 1157 endgültig unter deutsche Herrschaft gekommen war, unternahm Bischof Wilmar vier Jahre später einen weiteren Schritt zur Wiederaufrichtung des Bistums: Er erhob den von seinem Vorgänger Wigger und dem Fürsten Pribislaw/Heinrich wohl spätestens 1147 vor dessen Sitz angesiedelten Prämonstratenserkonvent zum Domkapitel. (Dieses Gremium bilden die schon mehrfach erwähnten Domherren, die höchsten Kleriker eines Bistums. An ihrer Spitze steht der Dompropst, der zweite kirchliche Würdenträger nach dem Bischof.) Wilmar ließ darüber in einer Synode, einer Versammlung von Geistlichen, in Magdeburg 1161 eine Urkunde ausfertigen. Darin erklärt er, dass die *urbs cathedralis Brandeburg* (Bischofsburg Brandenburg) bis in seine Zeit in den Händen der Heiden gewesen und kürzlich durch den Einsatz vieler Adliger und anderer unter großem Blutvergießen in den Besitz der Christen zurückgekehrt sei. Zur Erneuerung des Glaubens auf der Burg setzt Wilmar dort nun nach dem Rat des Erzbischofs von Magdeburg Stiftsherren des Prämonstratenserordens ein.

Wichmann bestätigte Wilmars Urkunde durch ein eigenes Dokument – wie bereits erwähnt. Darin äußert auch der Erzbischof, dass im Zusammenhang mit der Rückkehr der Brandenburg aus heidnischer Hand unter christliche Herrschaft viel

Blut von Edlen und anderen geflossen sei, stellt dem aber seine große Anstrengung dabei voran. Beide Schriftstücke sind erhalten und liegen im Domstiftsarchiv in Brandenburg an der Havel. In den Zeugenreihen finden wir Albrecht den Bären mit seinem ältesten und einem jüngeren Sohn, die also an der Gründung des Domkapitels teilnahmen. Ohne die Unterstützung und den Schutz des Markgrafen war der Wiederaufbau des Bistums nicht möglich. Beide Urkunden erwähnen Dörfer in der Umgebung Brandenburgs, die die Askanier dem Domkapitel geschenkt hatten.

Albrecht der Bär förderte die Wiederaufrichtung des Bischofssitzes in Brandenburg wohl mit gemischten Gefühlen. Als der zuständige Markgraf und Christ musste er natürlich an der Erneuerung des 983 zerstörten Brandenburger Bistums mitwirken, nachdem er das Hevellergebiet unter seine Hoheit gebracht hatte. Doch der Bischof war neben dem vom König eingesetzten Burggrafen auch ein weiterer Konkurrent. Denn Albrecht wollte das neue Territorium erweitern und die askanische Herrschaft darüber möglichst unabhängig ausüben sowie festigen. Damals waren Bischöfe und Erzbischöfe nicht nur hohe kirchliche Amtsträger, sondern zugleich Reichsfürsten – wie die Herzöge, Mark-, Pfalz- und Landgrafen –, die ebenfalls nach Ausdehnung und Stärkung ihrer weltlichen Macht strebten.

Mit der Umwandlung des spätestens 1147 aus Leitzkau nach Parduwin gekommenen Prämonstratenserkonvents in das Brandenburger Domkapitel 1161 verlor das dafür bisher als Provisorium dienende Mutterstift an Bedeutung, auch für dessen Vogt Albrecht den Bären. Der bestellte mit seinem Sohn Otto 1162 in Magdeburg einen Untervogt für Leitzkau. Schon die ersten Sätze der Urkunde verdienen besondere Beachtung. Sie zeigen nämlich Albrechts Meinung vom Ursprung und von den Aufgaben

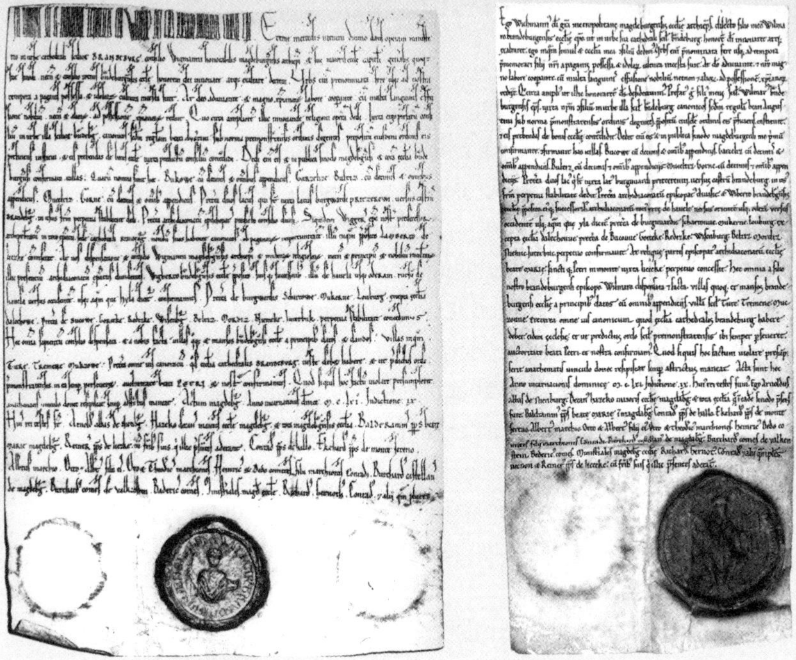

Abb. 35: Die Urkunden des Bischofs von Brandenburg und des Erzbischofs von Magdeburg von 1161

seines Amtes: Gott habe die Fürsten der Welt eingesetzt, damit sie für den Frieden und die Sicherheit der Gläubigen sorgen. Daher bestehe der Sinn der Herrschaft Albrechts darin, dass er sich um den Erhalt des christlichen Friedens und besonders um das Wohlergehen der unter seinem Schutz lebenden Geistlichen kümmere. Und weil der Markgraf wisse, dass Kirchen oft unter denen leiden würden, die sie schützen sollen, legt er zusammen mit dem ältesten Sohn Aufgaben, Pflichten, Rechte und Entlohnung des Untervogtes fest. Für die Amtsführung gelten folgende Bestimmungen:

Der Leitzkauer Untervogt und seine durch den Markgrafen bzw. dessen Erben einzusetzenden Nachfolger sollen dreimal jährlich einen allgemeinen Gerichtstag außerhalb des Klosters auf dem Berg am Wald abhalten, bei Regen jedoch im Hof der Brüder an der Peterskirche. In dem Falle seien aber die Pferde im Dorf unterzustellen. Für die Gerichtsverhandlungen muss der Untervogt einen Beisitzer aus den Klosterleuten wählen. Vorgeschrieben wird ein ordentliches Verfahren in Anwesenheit von Klägern und Beklagten. Ein vom Propst Beauftragter nimmt an den Sitzungen teil. Er darf die Rechtsprechung des Untervogtes nicht behindern, ihn aber nötigenfalls beraten. Gelange der Vertreter des Propstes zu der Auffassung, dass Unregelmäßigkeiten auftreten, hat er das seinem Herrn anzuzeigen, der – wenn er den Richter nicht von etwaigen Fehlentscheidungen abbringen könne – die Angelegenheit dem Markgrafen als oberstem Vogt melden solle.

Das Gericht ist zuständig für Totschlag, Diebstahl, Hausfriedensbruch, gewaltsame Entführung von Frauen, Blutvergießen mit der Waffe sowie Tumulte der Menge. Weniger schwere Fälle schlichtet der Beauftragte des Propstes in Absprache mit diesem. Für seine Arbeit erhält der Untervogt an den Gerichtstagen genau festgesetzte Leistungen. Dabei handelt es sich um bestimmte Mengen Weizen zum Brotbacken, Gerste und Hopfen zum Bierbrauen, Hafer als Pferdefutter, Hühner, Käse, Eier, Fische sowie Geld.

Eine ähnliche Ordnung erließ Markgraf Otto I. im selben Jahr in Brandenburg auch für den Untervogt, den die Askanier dem Prämonstratenserstift Jerichow (vermutlich aber schon 1148) gegeben hatten.

1162 weilte Albrecht der Bär auch auf der Arneburg (nordöstlich von Stendal über dem westlichen Ufer der Elbe). Dort stellte er als brandenburgischer Markgraf eine Urkunde aus, mit der er dem Nonnenkloster Lamspringe (südlich von Hildesheim), in dem seine Tochter Adelheid bestattet worden war, Besitz übertrug. Ganz in der Nähe lag die Winzenburg, der Stammsitz der Familie, aus der wahrscheinlich Adelheids Mutter kam. Offenbar war die Tochter als Nonne dieses Klosters gestorben. Das beschenkte der Vater nun, damit der Konvent für das Seelenheil Adelheids sowie ihrer Eltern und Geschwister beten sollte.

Das beschädigte Siegel der erhaltenen Urkunde lässt als Rest der Umschrift noch ...BVRGENSIS MARCHIO erkennen, also BRANDENBVRGENSIS (oder eine ähnliche Variante) MARCHIO (brandenburgischer Markgraf). Auf der Arneburg ließ Albrecht der Bär auch Münzen schlagen, die vorn seinen Namen – ADELBERTVS – und hinten den Prägeort – ARNEBVRG – zeigen (nach Bernd Kluge).

Die Urkunde wurde laut ihrem Datum im Juni 1162 ausgestellt, doch dürfte es sich um den Januar dieses Jahres gehandelt haben. Denn der Markgraf hatte geschworen, endlich mit einem Aufgebot zu Barbarossa zu stoßen, der seit 1158 in Italien weilte, um vor allem Mailand in die Knie zu zwingen. Die Stadt wehrte sich gegen die von Friedrich I. begonnene härtere Durchsetzung seiner Herrschaft als König von Italien und römischer Kaiser. Im April 1162 ist Albrecht der Bär am Hof des Herrschers nachzuweisen. Zwar hatte Mailand im März kapituliert, aber immerhin befand sich ein Sohn des Markgrafen schon seit Dezember 1161 beim Kaiser. In dessen Gefolge hielt sich Albrecht der Bär mindestens bis zum 7. September 1162 auf. Eine an diesem Tage ausgestellte Urkunde Barbarossas überliefert eine Entscheidung des Herrschers, die dessen „geliebter Verwandter, Markgraf Albert von Sachsen“, öffentlich verkündet hatte. Die Mutter der Mutter des Kaisers und die Mutter des Askaniers waren Schwestern.

Der Bau des Brandenburger Domes

Spätestens 1164 dürfte Albrecht die junge Mark Brandenburg seinem ältesten Sohn Otto überlassen haben, der in dem Jahr erstmals eine Urkunde als brandenburgischer Markgraf ausstellte. So nennt ihn auch die Umschrift des Siegels (OTTO DEI GRA[TIA] BRANDABVRGENSIS MARCHIO). Bestimmt behielt sich aber der Vater die Oberhoheit vor.

1165 – acht Jahre nach der endgültigen Rückeroberung der Brandenburg – kam die Wiedererrichtung des Bischofssitzes zum Abschluss: Der 1161 von Bischof Wilmar zum Domkapitel erhobene Prämonstratenserkonvent zog am 8. September in einer feierlichen Prozession von der Gotthardtkirche auf die Burg um. Dort legte man am 11. Oktober 1165 in einer Tiefe von 24 Fuß das Fundament für den Bau des Domes.

Diese dem Traktat in den 1230er Jahren hinzugefügten Informationen beruhen u. a. auf einer Urkunde, die Wilmar laut Peter Riedel wahrscheinlich nicht 1166, sondern 1165 in Brandenburg ausstellte. Sie trägt neben dem Siegel des Bischofs auch das Markgraf Ottos (I.). Im Text erklärt Wilmar, dass er die von seinem Vorgänger Wigger (Pribislaw/Heinrich wird nicht erwähnt) vor der Burg Brandenburg (*ante castrum Brandeburg*) an der Gotthardtkirche des Dorfes Parduwin angesiedelten Prämonstratenser auf den Rat Erzbischof Wichmanns von Magdeburg sowie

Abb. 36: Brandenburger Dom

der Markgrafen Adelbert und Otto auf die Brandenburg, in den von Kaiser Otto gegründeten Bischofssitz, überführt hat. Dabei bestätigt er dem Domkapitel u. a. die diesem von Markgraf Otto geschenkte Marienkirche auf dem Harlungerberg (westlich von St. Gotthardt). Das damals auf der heute Marienberg genannten Anhöhe – wohl an der Stelle des von Albrecht dem Bären vermutlich 1150 zerstörten Triglaw-Standbildes – erbaute Gotteshaus wurde im 18. Jahrhundert abgebrochen.

So war die Wiederbegründung des Bistums unter Mitwirkung der beiden Askanier 1165 abgeschlossen. Der Bischof und das Domkapitel saßen wieder auf der Brandenburg, auf der die Errichtung des Domes begann.

Im 13. Jahrhundert überließen Albrechts Nachfolger die

Abb. 37: Zitadelle Spandau

ehemalige Residenz der Hevellerfürsten ganz den Bischöfen, behielten aber den Bezug ihres Titels auf die alte Feste an der Havel bei. Die Markgrafen von Brandenburg residierten im Mittelalter oft auf den Burgen Spandau und Tangermünde. In Cölln entstand erst in der Mitte des 15. Jahrhunderts eine Burg, aus der später das Berliner Schloss, die Residenz der brandenburgisch-preußischen Herrscher und von 1871 bis 1918 der Deutschen Kaiser, hervorging.

Abb. 38 u. 39: Burg Tangermünde

Kämpfe Heinrichs des Löwen mit Slawen und Sachsen sowie die Entstehung Mecklenburgs

Der Welfe, im September 1162 noch wie Albrecht der Bär bei Barbarossa in Italien, sollte nach seiner Rückkehr bald wieder im heutigen Mecklenburg äußerst grausam vorgehen und viel Blut vergießen. Darüber berichtet erneut Helmold von Bosau. Nach dem Tod Niklots, des Fürsten der Obodriten, im Jahre 1160 hatten sich die Spannungen zwischen diesem slawischen Stammesverband und dem Herzog von Sachsen nicht gelegt. Immer wieder erhoben sich Niklots Söhne Wertislaw und Pribislaw.

Der Ende 1162 in Sachsen eingetroffene Heinrich der Löwe reagierte sofort auf diese Nachrichten und unternahm Anfang 1163 eine weitere Strafexpedition. Dabei zwang der Herzog die Burg Werle zur Kapitulation, indem er Maschinen bauen und einsetzen ließ, wie er sie bei den Belagerungen von Crema und Mailand gesehen hatte. Durch die Übergabe der Befestigung fiel ihm Wertislaw in die Hände und wurde als Geisel in Braunschweig eingekerkert. Pribislaw setzte den Kampf fort und eroberte 1164 einige Burgen, darunter im Februar die Mecklenburg, zurück.

Daraufhin erschien Heinrich der Löwe mit einem wesentlich größeren Heer als im vorigen Jahr, wobei er Wertislaw in Malchow öffentlich hängen ließ. Dessen Bruder führte Krieger der Obodriten und Pommern an, die am 6. Juli 1164 gegen eine

Vorausabteilung des welfischen Aufgebotes die blutige Schlacht bei Verchen am Kummerower See verloren. Dabei sollen ungefähr 2.500 Männer Pribislaws und 450 des Herzogs gefallen sein. Heinrich der Löwe hatte Albrecht den Bären aufgefordert, an diesem Feldzug teilzunehmen – doch anscheinend erfolglos. Denn der Askanier taucht nicht in den Quellen auf, die über die Strafexpedition berichten, während dort einige Grafen, also Männer geringeren Ranges, mehrfach namentlich genannt sind.

Im August 1166 weilte Albrecht der Bär bei einem Hoftag Kaiser Friedrichs I. Barbarossa auf der Boyneburg (südlich von Eschwege in Hessen). Von dort zog der Herrscher wieder nach Italien, allerdings ohne die sächsischen Fürsten. Die rüsteten sich nämlich zu einem Krieg gegen ihren Herzog, der ihnen zu stark geworden war. Zu dessen Feinden gehörten Albrecht der Bär mit seinen Söhnen, die Wettiner, Landgraf Ludwig der Eiserne von Thüringen (1140–1172), Erzbischof Wichmann von Magdeburg, der Bischof von Hildesheim und andere. Auch der Erzbischof von Köln unterstützte das antiwelfische Bündnis.

Angesichts des bevorstehenden Krieges traf Heinrich der Löwe eine Entscheidung, die ähnlich langfristige Folgen haben sollte, wie die Übernahme der Brandenburg durch Albrecht den Bären. Der Welfe befürchtete, an zwei Fronten kämpfen zu müssen, weil Pribislaw auch nach seiner Niederlage – 1164 – noch nicht völlig besiegt war. Mit Hilfe der Pommern eroberte der Obodritenfürst zwei Jahre später die Burg Ilow (bei Neuburg, nordöstlich von Wismar) und brannte sie nieder. Anfang 1167 überließ ihm Heinrich der Löwe den nördlichen Teil dieses slawischen Stammesgebietes – an der Ostsee, ungefähr zwischen Dassow im Westen und Bad Sülze im Osten. Die Grafschaft Schwerin blieb in deutscher Hand. Pribislaw wurde Christ und Vasall des Herzogs, der obendrein eine – allerdings „nur“

uneheliche – Tochter mit dem einzigen Sohn des Slawenfürsten vermählte. Dieser war seitdem ein treuer Gefolgsmann Heinrichs des Löwen, den er 1172 auch nach Jerusalem begleitete. 1178 erhielt Pribislaw bei einem Turnier in Lüneburg eine Wunde, an der er starb.

Da er seinen Namen seit 1167 in Urkunden u.a. mit der Mecklenburg in Verbindung bringen ließ, ging er als erster Herr dieses sich nun entwickelnden Fürstentums in die Geschichte ein. Dessen Regenten nennt man Niklotiden, also die Nachkommen Niklots, des Vaters Pribislaws. 1348 erhob König Karl IV. die Herren und Fürsten von Mecklenburg zu Herzögen. Nach dem Aussterben der Schweriner Grafen 1357 konnten deren Erben das Gebiet nicht behaupten, das sich die Niklotiden im nächsten Jahr zurückholten. Sie teilten ihre Lande um 1230, 1621 und 1701. Die in diesem Jahr gebildeten Herzogtümer Mecklenburg (Schwerin) und Mecklenburg (Strelitz) erhielten auf dem Wiener Kongress 1815 den Rang von Großherzogtümern und bestanden bis zum Ende der deutschen Monarchien 1918. Seit 1855 ziert ein Reiterstandbild Niklots, des Stammvaters der Mecklenburger Herzöge, das Schweriner Schloss.

Außer den Niklotiden glückte nur dem ebenfalls slawischen Herrscherhaus der Pommern der Aufstieg in den Kreis der deutschen Reichsfürsten. Das waren die nach ihrem Wappentier benannten Greifen, an die u.a. Greifswald und Greiffenberg (bei Angermünde) erinnern. Sie starben 1637 mit Herzog Bogislaw XIV. von Pommern aus.

So führte also der Kampf sächsischer Fürsten, unter ihnen Albrecht der Bär, gegen den Welfen 1167 zur Entstehung Mecklenburgs.

Johann von Salisbury, ein englischer Zisterziensermönch, schrieb 1168 in einem Brief, dass er gehört habe, dass Herzog

Heinrich von Sachsen durch den Erzbischof von Magdeburg, den Bischof von Halberstadt und den Markgrafen Albrecht geschlagen worden sei. 22 Grafen des welfischen Heeres wären tot oder in Gefangenschaft geraten, es gebe 700 Gefallene, aber kaum Verluste bei den Siegern. Zwar bestätigt das keine deutsche Quelle, aber so schlecht konnte man über diese Kämpfe in England nicht unterrichtet sein. Denn dessen König Heinrich II. (1154–1189) war seit dem 1. Februar 1168 der Schwiegervater Heinrichs des Löwen.

In dem Jahr beschäftigten Albrecht den Bären noch andere Ereignisse. An erster Stelle in der Zeugenreihe einer wohl 1168 ausgefertigten Urkunde Bischof Konrads I. von Pommern (1161–1186) steht ein *dominus* (Herr) Jaczo. Dann folgen die beiden ebenfalls als *domini* (Herren) aufgeführten Herzöge Bogislaw und Kasimir von Pommern, alle drei werden *principes* (Fürsten) genannt. Dieser Jaczo war anscheinend der Rivale Albrechts des Bären im Kampf um die Brandenburg. Sein einziger Sohn lebte damals nicht mehr, und so begab sich der Vater nach Pommern, wo er – wie die Forschung vermutet – dessen Herzöge zu Erben der Köpenicker Herrschaft bestimmte. Das könnte z.B. den Anlass oder einen der Gründe für Markgraf Otto I. von Brandenburg gebildet haben, den Traktat in Auftrag zu geben, falls er das tat. So wollte sich der Askanier möglicherweise mit Argumenten für den Fall rüsten, dass die Herzöge von Pommern als Jaxas Erben auch Ansprüche auf das Hevellerreich erheben sollten.

Am 11. Oktober 1168 starb Erzbischof Hartwig von Bremen, der letzte männliche Angehörige des Stader Grafenhauses. Zum Nachfolger wählte ein Teil des Domkapitels Siegfried, einen Kanoniker des Magdeburger Prämonstratenserstifts Unser Lieben Frauen. Dessen Vogt war Albrecht der Bär, der Vater des Kandidaten. Die andere Fraktion wollte einen welfenfreundlichen Bremer Domherrn als neuen Erzbischof haben. 1169 verwarf der Kaiser die Doppelwahl. Er bestimmte auf Wunsch Heinrichs des Löwen einen von dessen Kaplänen zu Hartwigs Nachfolger. Siegfried amtierte seit 1173 als Bischof von Brandenburg und gelangte erst 1180, nachdem Barbarossa Heinrich den Löwen als Herzog von Sachsen und Bayern abgesetzt hatte, auf den Stuhl des Erzbischofs von Bremen.

Nach mehreren vergeblichen Versuchen konnte der Kaiser Ende Juni 1170 in Erfurt einen Frieden zwischen Heinrich dem Löwen und dessen sächsischen Gegnern stiften. Die hatten die Position ihres Herzogs, hinter dem der Herrscher stand, nicht erschüttern können.

Das war sicher eine bittere Erkenntnis für Albrecht den Bären, der vielleicht immer noch auf das Herzogtum Sachsen hoffte. Bisher hatte Heinrich der Löwe keinen Sohn; und bei der damaligen Lebensweise des Adels konnte ihm jederzeit etwas zustoßen: Kriege, Jagden – und zwar nicht auf Kaninchen, sondern u. a. auf Bären, Wölfe sowie Wildschweine –, Gelage und Turniere. Schon ein vereiterter Zahn vermochte beim Stand der mittelalterlichen Medizin selbst einen Kaiser zu töten. Der alte Askanier konnte ja nicht ahnen, dass sein jüngster Sohn Bernhard zehn Jahre später Herzog von Sachsen werden sollte.

Die Havelberger Domweihe

So wandte sich Albrecht der Bär wieder der Mark Brandenburg zu. Am 16. August 1170 nahm er im Kreise seiner Söhne an der Weihe des Havelberger Domes teil. Die darüber ausgestellte Urkunde Markgraf Ottos I. erwähnt die Anwesenheit des Vaters und teilt mit, dass beide zusammen mit den Bischöfen Anselm und Walo das Bistum Havelberg wieder aufgerichtet hätten. Albrechts ältester Sohn schenkt dem Bistum zweieinhalb Dörfer und zur Beleuchtung des Domes sowie für Dachreparaturen jährlich 50 Schillinge aus den Geldern, die ihm die an der Elbe siedelnden Holländer zahlen müssen. Das bestätigt Otto I. laut der von ihm besiegelten Urkunde auf den Rat seines Vaters. Neben dessen Dokument für Werben und dem Bericht Helmolds von Bosau belegt erneut eine zeitgenössische Schriftquelle, dass schon unter Albrecht dem Bären Kolonisten aus Holland bzw. Flandern in der jungen Mark Brandenburg lebten. Ende Dezember 1170 erklärte auch der Bischof von Brandenburg, dass er seinen Dom wiedererrichtet habe. Allerdings war der Bau zu diesem Zeitpunkt sicher noch nicht vollendet. Erzbischof Wichmann von Magdeburg, der die Weihe des Havelberger Domes leitete, stiftete 1170/71 das Kloster Zinna bei Jüterbog und siedelte in dem Raum auch Flamen an.

Ob der erste Markgraf von Brandenburg noch von der Grün-

Abb. 40: Havelberger Dom

dung dieses Zisterzienserkonvents erfuhr, wissen wir nicht. Seine Teilnahme an der Domweihe in Havelberg ist die letzte überlieferte Handlung des alten Askaniers. Albrecht der Bär starb nach den Chroniken am 18. November 1170 an einem ungenannten Ort.

Abb. 41 u. 42: Kloster Zinna

Schlussbetrachtung und Ausblick

Wenn er auch das offensichtliche Hauptziel, nämlich Herzog von Sachsen zu werden, nur vorübergehend erreichte, leistete der Askanier doch Gewaltiges. Unter seinem Schutz und von ihm unterstützt begann der Wiederaufbau der Bistümer Havelberg und Brandenburg. Vor allem schuf Albrecht der Bär die Grundlagen für die Entstehung der Mark Brandenburg, die später als Kern des Königreiches Preußen galt und über mehrere Umbrüche zum heutigen Land Brandenburg wurde, sowie für die Bildung des Fürstentums Anhalt. Heinrich der Löwe hingegen verlor seine Herzogtümer 1180: Bayern erhielten die dort bis 1918 herrschenden Wittelsbacher, und von Sachsen konnten die Nachkommen des Welfen nur Teile behaupten. Außerdem sicherte Albrecht der Bär der askanischen Dynastie endgültig einen dauerhaften Platz unter den deutschen Reichsfürsten. Darüber hinaus wurde er der Stammvater aller von seinen Söhnen begründeten Linien der Familie, deren Zersplitterung er mit der Teilung der von ihm beherrschten Lande allerdings einleitete. Doch wollte man so damals auch dafür sorgen, dass ein Fürstenhaus selbst dann noch fortbestand, wenn einzelne Zweige aussterben sollten. Denn auf diese Weise verschwanden im Mittelalter und auch danach viele Adelsgeschlechter aus der Geschichte.

Obwohl Albrecht der Bär – wie nicht nur bei Fürsten seiner Zeit häufig üblich – mehrfach gewaltsam reagierte, schlug er auch andere Wege ein. Immerhin wartete er rund 25 Jahre auf die Übernahme des Hevellerlandes, nachdem er von Pribislaw/Heinrich zum Erben bestimmt worden war, ohne die Frist durch einen Krieg zu verkürzen. Man denke in diesem Zusammenhang an die blutigen Strafexpeditionen Heinrichs des Löwen gegen die Obodriten. Erst der Handstreich der polnischen Scharen Jaxas von Köpenick zwang den Markgrafen zur Belagerung der Brandenburg.

Bei der Bewertung seiner Taten darf nicht vergessen werden, dass es wenig Sinn hat, wenn Angehörige späterer Generationen ihre Maßstäbe an das Handeln von Persönlichkeiten längst vergangener Zeiten legen – obwohl das häufig geschieht.

Albrecht der Bär wurde wahrscheinlich in der Nikolaikapelle im Westwerk der Ballenstedter Klosterkirche beigesetzt. Dieses Gotteshaus gestaltete man nach Ansicht der Kunsthistorikerin Cornelia Lawrenz wohl zwischen den zwanziger und den siebziger Jahren des 12. Jahrhunderts als Grablege des Markgrafen. Deren Vorbild sieht sie im Dom zu Königslutter (östlich von Braunschweig), in dem Kaiser Lothar III. und dessen Schwiegersohn Heinrich der Stolze – der Vetter und Rivale Albrechts des Bären – ruhen.

Laut Heinrich Basse (1519) bestattete man den Markgrafen *cum Patribus suis in Monasterio Ballenstede in Capella Sancti Nicolai* (mit seinen Vätern im Kloster Ballenstedt in der Kapelle des heiligen Nikolaus). Deren Lage überliefert 1556 Ernst Brotuff, nach dem Albrecht „zu Ballenstedt im Closter in S. Niclas Capella unter dem Thurm begraben“ wurde. Die Stelle geriet nach der Öffnung von 1748 in Vergessenheit. Der Oberhofprediger Friedrich Hoffmann ließ aus Anlass eines Besuches König Friedrich

Wilhelms IV. von Preußen (1840–1861) 1843 in der Krypta Untersuchungen anstellen. Keine der dabei entdeckten menschlichen Überreste konnten allerdings mit Bestimmtheit als die des Markgrafen identifiziert werden.

1880 fand der Bernburger Baurat Friedrich Maurer an dem durch Basse und Brotuff genannten Ort zwei Sandsteinsarkophage mit den Gebeinen eines mittelgroßen, sehr kräftigen Mannes sowie einer Frau. Dabei dürfte es sich um die Skelette Albrechts des Bären und seiner Gemahlin Sophia gehandelt haben. Neben dem des Mannes lag ein Schwert. Friedrich Maurer hatte auf Befehl Herzog Friedrichs I. von Anhalt (1871–1904) – der auch die Erforschung der Ruinen der Burg Anhalt zwischen 1902 und 1907 veranlasste – erneut nach dem Grab des Markgrafen gesucht.

Die Stätte wurde 1938 durch den Architekten Paul Schultze-Naumburg, den Erbauer des Potsdamer Schlosses Cecilienhof, umgestaltet. Dabei erhielt die Gruft u. a. eine Tafel mit der Aufschrift: MARKGRAF ALBRECHT DER BÄR. DER WEGBEREITER INS DEUTSCHE OSTLAND + 1170 UND SEINE GEMAHLIN SOPHIE.

Es ging allerdings noch weit markiger:

„Welches sind nun die großen, schrecklichen Verbrechen der Deutschen [...] gegen die slawische Nationalität? [...] Wir sprechen von dem ‚jahrhundertelangen Unrecht', das an den Slawen verübt worden sein soll. Die Deutschen haben im Norden das ehemals deutsche, später slawische Gebiet von der Elbe bis zur Warthe den Slawen wieder aberobert; eine Eroberung, die durch ‚geographische und strategische Notwendigkeiten' bedingt war, die aus der Teilung des Karolingischen Reichs hervorgingen. Daß diese Eroberung aber im Interesse der Zivilisation lag, ist bisher noch nie bestritten worden [...]. Freilich, dergleichen läßt sich nicht durchsetzen, ohne manch sanftes Nationenblümlein

Abb. 43: Gruft Albrechts des Bären (1938–2020)

gewaltsam zu zerknicken. Aber ohne Gewalt und ohne eherne Rücksichtslosigkeit wird nichts durchgesetzt in der Geschichte, und hätten Alexander, Cäsar und Napoleon dieselbe Rührungsfähigkeit besessen, an die jetzt der Panslawismus zugunsten seiner verkommenen Klienten appelliert, was wäre da aus der Geschichte geworden!"

Diese Sätze stehen in der *Neuen Rheinischen Zeitung* vom 15. Februar 1849. Ihr Verfasser war ... Friedrich Engels!

Die Tafel in der Gruft Albrechts des Bären ist inzwischen entfernt worden und nun in der zu seinem 850. Todestag am 18. November 2020 erneuerten Ausstellung zu sehen, deren Eröffnung am 23. Mai 2021 erfolgte. An der Stelle befindet sich jetzt ein „Goldener Fingerabdruck".

Leider hat dieses „Kunstwerk" überhaupt keinen Bezug zu Albrecht dem Bären, viel sinnvoller wäre z. B. die Nachbildung eines Siegels oder einer Münze des Markgrafen gewesen. Hier hätte sich vor allem der Brakteat angeboten, auf dem der Askanier Namen und Titel mit Anhalt verband. Auch die Informationstafeln am „Albrechtsweg", der am 20. September 2020 eröffnet wurde und als 17 Kilometer langer Rundkurs von Ballenstedt zur Ruine der Burg Anhalt und zurück führt, offenbaren einen äußerst merkwürdigen Umgang mit dem Markgrafen. In jedem der zwölf Texte finden sich mehrere inhaltliche Fehler, Verstöße gegen die Regeln der Rechtschreibung und der Grammatik sowie unklare oder falsche Formulierungen. Abgesehen von der Blamage, ist eine verantwortungsvolle, d. h. korrekte Darstellung der Geschichte aber unbedingt erforderlich – gerade für ein vorwiegend aus Laien bestehendes Publikum.

Nach dem Tode Albrechts des Bären trat die Existenz des von ihm begründeten neuen Fürstentums auf bisher slawischem Boden im Nordosten des deutschen Königreiches noch deutlicher hervor. Denn der älteste Sohn regierte nur die Mark Brandenburg, während seinen Brüdern die anderen Lande ihres Vaters zugefallen waren. Otto I. und dessen Nachfolger setzten die Ansiedlungspolitik fort. Die eingewanderten Bauern, Ritter und Bürger legten Dörfer sowie Märkte an und errichteten Burgen, Kirchen, Klöster und Mühlen. Im 13. Jahrhundert gründeten die Markgrafen den größten Teil der brandenburgischen Städte.

Um 1325 verfasste Johann von Buch, ein späterer brandenburgischer Hofrichter, eine Glosse (Kommentar) zum Landrecht des Sachsenspiegels. Darin schrieb der aus der Altmark stammende Autor, dass die Einwanderer in die Mark Brandenburg *von Suawen* und *vome Rine* gekommen seien. Gemeint war „Nordschwaben", der bereits erwähnte sogenannte Schwabengau um Aschersleben, begrenzt von Harz, Bode und Saale. Dort lagen die Stammsitze der Askanier. Über den Schwabengau hinaus zogen Ritter und Bauern aus dem Raum zwischen Harz, Saale, Elbe und Unstrut in die junge Mark Brandenburg – und aus der Altmark vor allem in die Prignitz und die Uckermark. Adlige kamen im Gefolge der Askanier, häufig aus der Altmark, oder errichteten eigenständige Herrschaften, so die von Arnstein im Neuruppiner Raum oder die Familie Gans, Edle Herren zu Putlitz, in der Prignitz.

Mit dem Rhein meinte Johann von Buch zudem die schon erwähnte Einwanderung aus den Niederlanden und Flandern sowie wohl aus Westfalen und dem südniedersächsischen Gebiet. Westfalen zogen auch nach Mecklenburg. Aus dem Raum Köln sowie aus Franken kamen ebenfalls Kolonisten in die Mark Brandenburg. Möglicherweise bildet die bis zum Beginn des 14. Jahrhunderts anhaltende Abwanderung vieler Menschen aus dem Westen des deutschen Königreiches in dessen Osten den Kern der Sage vom Rattenfänger von Hameln.

Die Slawen wurden nicht „ausgerottet", aber zuweilen (sicher von besseren Böden) vertrieben, was die schriftlichen Quellen mehrfach bezeugen. Allerdings gibt es auch Hinweise dafür, dass angekündigte Ersetzungen Einheimischer durch Kolonisten dann doch unterblieben. Für die Slawen änderte sich neben der nun beginnenden Konkurrenz um gutes Ackerland auch fast alles andere: Sie gerieten unter die Herrschaft der Einwanderer aus dem Westen und mussten ihre traditionellen Kulte zugunsten des Christentums aufgeben. Die Kolonisten legten, z. T. gemeinsam mit Slawen, Dörfer an, in die häufig auch Einheimische umzogen. Außerdem gestalteten die Zuwanderer bestehende Siedlungen völlig um. Auch wenn in diesen die ansässigen Bewohner bleiben durften, erfolgten nun für sie neue Gliederungen der Gehöfte sowie Aufteilungen der Grundstücke. Mit der Einführung der Hufenverfassung veränderte man die Feldmark, vermaß die zu bearbeitenden Flächen und wies sie den einzelnen Bauern zu. Darüber hinaus kamen nun modernere Ackergeräte zum Einsatz. Während die Slawen die Erde mit hölzernen Hakenpflügen nur kreuz und quer aufritzten, brachten die Kolonisten eiserne Bodenwendepflüge mit, die die Oberflächen der Äcker umbrachen und so deren Leistungsfähigkeit erhöhten. Hinzu traten die Einführung der Dreifelderwirtschaft und die Intensivierung des Getreideanbaus. Obendrein entstanden jetzt Wassermühlen, deren Betrieb im Flachland die Anstauung der Flüsse erforderte. Der dadurch steigende Grundwasserspiegel zwang viele Slawen, ihre ufernahen Dörfer aufzugeben. Immerhin übernahm die ansässige Bevölkerung recht schnell die bessere Keramik der Kolonisten. Durch die eingeführten Neuerungen und die Anlage weiterer Siedlungen stiegen die Erträge ungemein – was auch das Leben der Slawen erleichterte. Für die zweite Hälfte des 13. Jahrhunderts ist die Ausfuhr von Getreide (meist Roggen) aus der Mark bis nach Hamburg belegt. Dazu kam der Export von Holz.

Es blieb den Slawen nur übrig, sich anzupassen, doch lebten sie oft unter schlechteren Rechts- und wirtschaftlichen Verhältnissen als die Einwanderer. Allerdings waren sie anscheinend auch schon früher von ihren Adligen und Fürsten stärker zu Abgaben und Diensten herangezogen worden als die deutschen Bauern von deren Herren. Das 1375/76 auf Befehl Kaiser Karls IV. angelegte Landbuch der Mark Brandenburg vermerkt u. a., dass damals Slawen im Potsdamer Kietz wohnten. Solche Dienstsiedlungen an Gewässern bei meist landesherrlichen Burgen gab es vor allem in den ostelbischen Gebieten der Mark. Ihre in der Regel slawischen Bewohner betrieben häufig Fischerei und unterstanden besonderem Recht. Sie waren dem Burgherrn zu Abgaben und Diensten verpflichtet. In den Kietzen hielten sich wohl ältere juristische und wirtschaftliche Verhältnisse bis zum späten Mittelalter.

Auch viele der Kossäten, die in den Dörfern des Ostsiedlungsraumes sozial und besitzmäßig deutlich unter den Bauern standen, dürften Slawen gewesen sein. Derartige ländliche Hilfskräfte, die u.a. Dienste auf Ritter- und Schulzenhöfen leisten mussten, kannte zwar schon die nordwestdeutsche Agrarverfassung. Östlich der Elbe machte man aber wohl nicht wenige der in die neuen Dörfer umgesiedelten Slawen zu Kossäten, denn die Einwanderer waren sicher nur an Vollbauern(Hüfner)stellen interessiert. Doch blieb später auf dem Lande vermutlich auch etlichen jüngeren deutschen Söhnen, die nicht (wie ihr ältester Bruder) den väterlichen Hof übernehmen, einen anderen erheiraten, in ein Kloster eintreten oder in den Städten Fuß fassen konnten, nur die Möglichkeit, ein freilich sehr bescheidenes und wenig angesehenes Leben als Kossäten zu fristen – wenn sie keine Räuber oder Bettler werden wollten.

Vor allem in der Altmark, in der Prignitz sowie in der Uckermark erscheinen noch bis ins 14. Jahrhundert *villae slavicales* (slawische Dörfer). Dort lebten vermutlich meist Angehörige der altansässigen Bevölkerung unter ihren noch längere Zeit herrschenden ursprünglichen Rechtsverhältnissen. Charakteristisch für derartige Siedlungen war oft eine sehr geringe Ausstattung mit Land. Im 13. und 14. Jahrhundert gingen die Slawen dann mit den eingewanderten Niederländern, Flamen, Sachsen u.a. im Neustamm der Märker auf.

Die während der Kolonisation angelegten Dörfer nutzten die Askanier auch zur Ansiedlung und Ausstattung von immer mehr Rittern, wodurch ihre militärische Stärke ungemein zunahm. So konnten sie die Fürsten von Mecklenburg, Pommern (bis 1227 Vasallen des Königs von Dänemark), Polen, Schlesien, die Markgrafen von Meißen und der Lausitz sowie die Erzbischöfe von Magdeburg zurückdrängen und das Territorium bis um 1300 enorm ausdehnen. 1320 starben die brandenburgischen Askanier aus.

Die auf Albrecht den Bären zurückgehenden Linien der Askanier

Während dem ältesten Sohn Otto die Mark Brandenburg zufiel, erhielt der zweitgeborene, Hermann, die Grafschaft Weimar-Orlamünde. Dessen Nachkommen bildeten 1264/65 die Linien Weimar und Orlamünde. Durch die Niederlage im Thüringer Grafenkrieg (1342–1346) mussten die Weimarer Brüder Friedrich I. († 1365) und Hermann VI. (VIII.) ihre Herrschaft 1346 Friedrich dem Ernsthaften, dem wettinischen Landgrafen von Thüringen (1323–1349), übergeben. Zwar erhielten sie das Land als Lehen zurück, doch waren die beiden Grafen von Weimar nun keine Reichsfürsten mehr. Die Belehnung galt zudem nur auf Lebenszeit, sodass Friedrichs des Ernsthaften Sohn Balthasar (1349–1406) Weimar nach dem Tod Hermanns VI. (VIII.) 1372 endgültig übernehmen konnte, obwohl dessen Neffe Friedrich III., der Sohn Friedrichs I., anscheinend erst 1381 oder noch später starb.

Der an dem Krieg nicht beteiligte Graf Heinrich IV. von Orlamünde hatte sein Territorium bereits 1344 an Landgraf Friedrich den Ernsthaften von Thüringen verkauft, der ihm zum Ausgleich die Herrschaft Droyßig (westlich von Zeitz) abtrat. Heinrich IV. behielt noch die Burg Schauenforst (westlich von Orlamünde). Nach dem Tod Friedrichs II., eines anderen Neffen Hermanns VI. (VIII.) von Weimar, erbte Heinrichs IV. Enkel Otto X. von Orlamünde 1367 Lauenstein und Gräfenthal sowie Lichtenberg.

Ottos Söhne Wilhelm, Sigismund und Otto XI. verkauften alles aus Geldmangel. Lauenstein, die letzte reichsunmittelbare Herrschaft der Orlamünder Askanier, trug Wilhelm Kurfürst Friedrich I. von Brandenburg 1427 zu Lehen auf und veräußerte sie mit dessen Zustimmung 1430 an die Grafen von Gleichen. 1432 versilberte er mit seinen Brüdern auch noch die Burg Schauenforst. Wilhelms Sohn Friedrich VI. war dadurch ohne Besitz und trat als Rat in den Dienst des Kurfürsten von Brandenburg, bei dem er zuletzt am 2. Oktober 1486 in Cölln an der Spree erscheint. Mit ihm erloschen die Orlamünder Askanier.

An Bernhard, den jüngsten Sohn Albrechts des Bären, fielen die Stammlande der Dynastie zwischen Harz und Mulde. Er wurde Graf von Aschersleben und Anhalt und beerbte seine ohne Nachkommen sterbenden Brüder Adalbert von Ballenstedt und Dietrich von Werben (Burgwerben bei Weißenfels). Nachdem Friedrich Barbarossa Heinrich den Löwen 1180 abgesetzt hatte, erhob er Bernhard zum Herzog von Sachsen. Den westlichen Teil des alten Stammesgebietes gab der Kaiser allerdings dem Erzbischof von Köln. Doch auch im Osten konnte Bernhard eine herzogliche Gewalt außerhalb seiner eigenen Territorien kaum durchsetzen.

Als er 1212 starb, übernahm der jüngere der beiden Söhne, Albrecht, die Herzogswürde. Nach der dänischen Niederlage in der Schlacht bei Bornhöved (in der Nähe von Segeberg) 1227 erlangte Albrecht auch den Raum um Lauenburg (bei Hamburg). Seine Nachkommen bildeten 1295/96 die Linien Sachsen (Wittenberg) und Sachsen (Lauenburg). Die Herzöge von Sachsen (Wittenberg) gehörten durch die Goldene Bulle Kaiser Karls IV. seit 1356 auch offiziell zu den sieben Kurfürsten, denen die Wahl des deutschen Königs oblag. Ihre Linie erlosch 1422, während die Herzöge von Sachsen (Lauenburg) 1689 ausstarben.

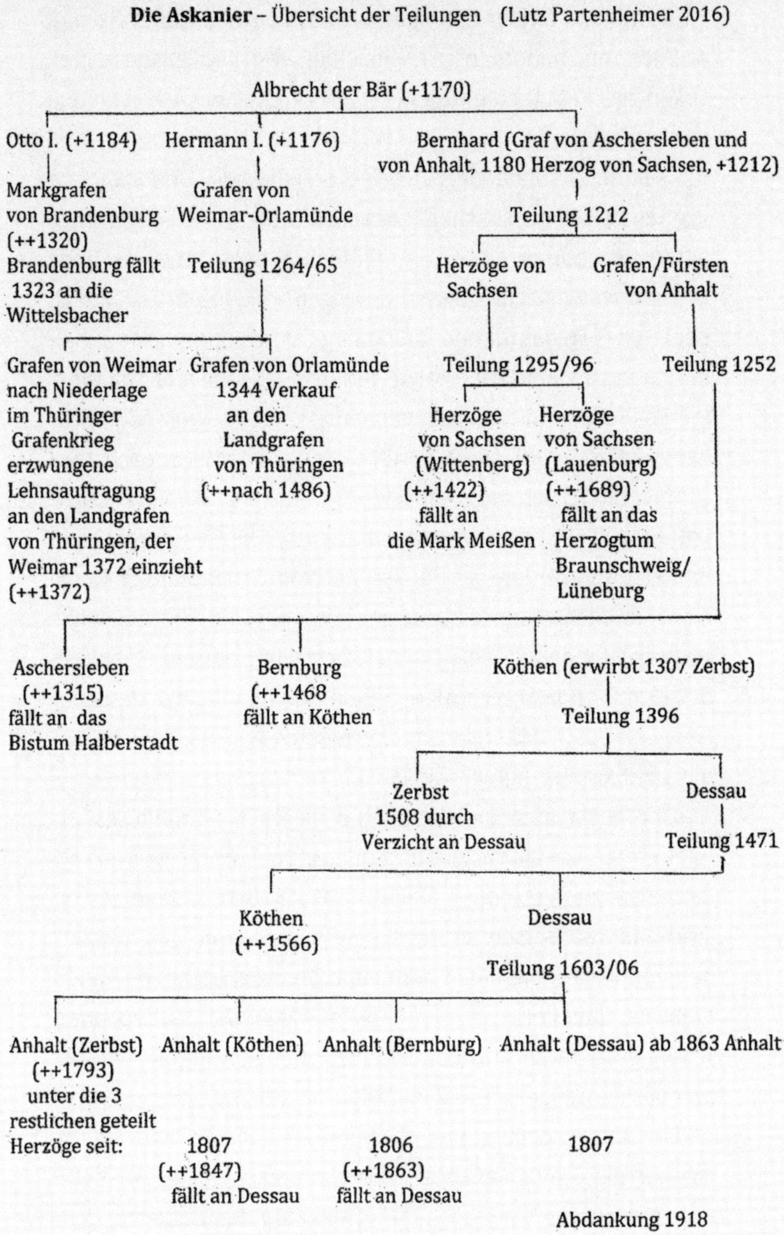

Abb. 44: Übersicht über die askanischen Linien

Bernhards älterer Sohn Heinrich erhielt 1212 die Grafschaft Anhalt. 1215 nannte er sich in einer von ihm ausgestellten Urkunde und auf seinem Siegel erstmals „Graf von Askanien und Fürst von Anhalt".

Heinrichs Söhne begründeten drei Zweige, und zwar die 1315 aussterbende Ascherslebener, die bis 1468 existierende ältere Bernburger sowie die ältere Köthener Linie, die 1307 Zerbst erwarb. Nach erneuten Teilungen am Ende des 15. und zu Beginn des 16. Jahrhunderts und einer Vereinigung aller anhaltinischen Lande (1570) erfolgte 1603/06 eine weitere Spaltung: Die das Fürstentum damals gemeinschaftlich regierenden Brüder gründeten fünf Linien, deren erste bereits 1665 erlosch. 1793 starben die Fürsten von Anhalt-Zerbst aus, 1847 die von Anhalt-Köthen und 1863 die von Anhalt-Bernburg. Die Bernburger Linie führte seit 1806 statt des Fürstentitels mit Genehmigung Kaiser Franz' II. die Herzogswürde. Dem Köthener und dem ebenfalls 1603 entstandenen Zweig Anhalt-Dessau gestattete Napoleon das 1807. Von 1863 bis 1918 regierten die Askanier der Dessauer Linie den durch das Erlöschen der anderen Äste wiedervereinigten Staat als Herzogtum Anhalt.

Überblickt man die Geschichte dieses Fürstenhauses, so folgt einem beeindruckenden Aufstieg vom 11. bis weit ins 13. Jahrhundert ein ständiger Machtverfall seit dem Anfang des 14. Jahrhunderts. Dessen wichtigste Ursachen waren das Aussterben von Linien, die die in der ersten Phase erworbenen Lande mehrmals geteilt hatten, und die Misserfolge der überlebenden Askanier bei ihren Anstrengungen zur Behauptung der Territorien der erloschenen Familienäste.

Der Abstieg begann 1315. Nachdem die Linie Anhalt-Aschersleben in diesem Jahr ausgestorben war, versuchte der Fürst von Anhalt-Bernburg vergeblich, den Übergang des Gebietes, dem die Dynastie den Namen verdankt, an den Bischof von Halberstadt – seinen Bruder – zu verhindern. Fortan gab es keine askanische Landverbindung zwischen dem Bernburger Raum und den alten Stammsitzen Ballenstedt und Anhalt, die durch ihre nunmehrige abgeschnittene Randlage innerhalb der Herrschaften des Fürstenhauses an Bedeutung verloren.

Noch ungünstiger für das Geschlecht war 1320 das Aussterben der auf Albrecht den Bären zurückgehenden Markgrafen von Brandenburg. Deren Territorium, das sich im 13. Jahrhundert zu einem der stärksten deutschen Fürstentümer entwickelt hatte, versuchten die Wittenberger Verwandten erfolglos zu übernehmen. König Ludwig der Bayer aus dem Hause Wittelsbach belehnte 1323 seinen ältesten Sohn Ludwig mit der Mark.

Wenig später, nämlich in den vierziger Jahren des 14. Jahrhunderts, verloren die beiden askanischen Linien der Grafen von Weimar-Orlamünde ihre fürstliche Stellung an den wettinischen Landgrafen von Thüringen.

Als 1422 die Kurfürsten von Sachsen (Wittenberg) erloschen, bemühten sich die Herzöge von Sachsen (Lauenburg) vergeblich, das Gebiet zu bekommen. 1423 belehnte König Sigismund die Markgrafen von Meißen aus dem Hause Wettin mit dem Herzog- und Kurfürstentum Sachsen (Wittenberg).

Und schließlich vermochten es die Fürsten von Anhalt nach 1689 nicht, das Herzogtum Sachsen (Lauenburg) zu erlangen, dessen Regenten in diesem Jahr ausgestorben waren. Es fiel an die Herzöge von Braunschweig-Lüneburg aus dem Geschlecht der Welfen, deren Herzogtum Barbarossas Enkel, Kaiser Friedrich II. (1212–1250), 1235 für einen Enkel Heinrichs des Löwen gebildet hatte.

Wahrscheinlich wäre eine stärkere Prägung der deutschen Geschichte durch die Askanier ohne die ständige Aufsplitterung ihrer Territorien möglich gewesen. Immerhin befanden sich um 1300 zwei der vier weltlichen Kurfürstentümer in der Hand der Familie, was bei einer miteinander abgestimmten Politik vielleicht sogar die Besetzung des deutschen Königsthrones ermöglicht hätte. Viermal waren Mitglieder der Dynastie Kandidaten für die Wahl, und zwar 1197/98 Herzog Bernhard von Sachsen (1180–1212), 1256/57 Markgraf Otto III. von Brandenburg (1220–1267), 1273 Graf Siegfried I. von Anhalt-Köthen (um 1250–1298) und 1308 dessen Sohn Albrecht I. (1298–1316).

Wenn die Königskrone auch nicht errungen werden konnte, so bleibt doch die zeitweilig wichtige Rolle des Fürstenhauses der Askanier vor allem in der Geschichte der heutigen Länder Brandenburg (mit Berlin) und Sachsen-Anhalt, aber auch in Thüringen, Bayern (Franken) sowie Schleswig-Holstein (Lauenburg).

Der Name „Askanier“

Kurz vor 1300 in Braunschweig entstandene Quellen betonen die Abstammung Albrechts des Bären über seine Mutter von den Billungern. Im späten 15. Jahrhundert wurde ein edler Römer, Ascanius, der um 70 vor Christi Geburt aus Italien in die Harzgegend geflohen sei, zum Ahnherrn der Fürsten von Anhalt erklärt. 1519 sah Heinrich Basse, Prior des Klosters Ballenstedt, in Julius, dem Sohn des römischen Königs Tarquinius Priscus (nach der Sage fünfter römischer König, angeblich 616 bis 578 vor Christi Geburt), den Erbauer der Burg Ascania.

Um 1540 kam ein römischer Fürst ins Spiel, der ca. 670 (!) römischer Statthalter der deutschen und wendischen (slawischen) Lande geworden sei. Dessen Nachkommen habe Karl der Große zu Grafen von Ascanien ernannt. 1556 erfand Ernst Brotuff als Vorfahren der Fürsten von Anhalt die sogenannten Behringer, angeblich bis 501 nachweisbare sächsische Edelinge. Deren Ahnen stammten mit den Sachsen von der Insel „Scandia“ und herrschten schon lange vor Christi Geburt am Harz. Diese Behringer hätten die Burgen Ballenstedt, Anhalt und Aschersleben besessen und seien im 7. Jahrhundert sächsische „Kriegskönige“ gewesen. Ihre Nachkommen kämpften mit dem Sachsenherzog Widukind gegen Karl den Großen und unterwarfen sich schließlich. Der Kaiser habe sie getauft und zu Grafen von Ascanien gemacht.

Dabei ging es den Gelehrten, die im 16. Jahrhundert einen möglichst langen „Stammbaum" der „altehrwürdigen" Anhaltiner konstruierten, vor allem um den „Nachweis", dass ihre Auftraggeber an Bedeutung keineswegs hinter den Hohenzollern im Kurfürstentum Brandenburg und den Wettinern im Kurfürstentum Sachsen zurückstanden – obwohl (oder gerade weil) das Fürstentum Anhalt um 1500 recht schwach war.

Die Grafschaft Aschersleben erscheint bereits im Sachsenspiegel als eines von sieben sächsischen Fahnenlehen. Das waren Herrschaften, die ihr Fürst durch die Entgegennahme einer Fahne aus der Hand des Königs erhielt. Im 16. Jahrhundert versuchten die Anhaltiner erneut, das nach 1315 an das Bistum Halberstadt verlorene Aschersleben zurückzuerlangen. Die von der dortigen Burg Askania abgeleiteten Formen „Aschania" bzw. „Askania" nutzten die Chronisten im Dienst des Hauses Anhalt damals auch, um dieser Dynastie einen würdigen Namen und eine weit über ihr kleines Land hinausgehende Bedeutung zu geben. Dazu führten sie die Abstammung der Fürsten schließlich auf Ascanius, den Sohn des trojanischen Helden Aeneas, und sogar bis zu Aschkenas, dem Urenkel Noahs, zurück. Als „Askanier" bezeichnete man nun die Herrscher der damals noch bestehenden Linien Anhalt und Sachsen (Lauenburg), schließlich auch die bereits verstorbenen Generationen des Geschlechts. Für den anhaltischen Zweig wurde spätestens im 16. Jahrhundert der Name „Haus Anhalt" gebräuchlich.

Exkurse

Die deutschen Fürstentümer im 19. Jahrhundert

Der Reichsdeputationshauptschluss von 1802/03 gliederte fast alle geistlichen Territorien sowie die meisten der kleinen Herrschaften und die Reichsstädte benachbarten weltlichen Fürstentümern ein. Preußen annektierte nach seinem Sieg über Österreich 1866 von dessen Verbündeten das Königreich Hannover, das Kurfürstentum Hessen-Kassel, das Herzogtum Nassau und die Stadt Frankfurt am Main, außerdem Schleswig-Holstein. Das 1871 gebildete Deutsche Kaiserreich, dessen Herrscher der König von Preußen war, bestand aus 22 Bundesstaaten – vier Königreichen (Preußen, Bayern, Sachsen, Württemberg), sechs Großherzogtümern (Sachsen-Weimar und Eisenach, Mecklenburg (Schwerin), Mecklenburg (Strelitz), Baden, Hessen, Oldenburg), fünf Herzogtümern (Anhalt, Braunschweig, Sachsen-Altenburg, Sachsen-Coburg und Gotha, Sachsen-Meiningen), sieben Fürstentümern (Reuß älterer Linie, Reuß jüngerer Linie, Schwarzburg-Rudolstadt, Schwarzburg-Sondershausen, Lippe, Schaumburg-Lippe, Waldeck-Pyrmont) sowie den Städten Hamburg, Lübeck, Bremen und dem Reichsland Elsass-Lothringen. Unsere heutigen 16 Bundesländer sind der bisherige Rest dieser früheren deutschen Kleinstaaterei. Einige führen die Namen der ihnen vorausgegangenen Fürstentümer, die wiederum oft nach Burgen (Brandenburg, Mecklenburg, Anhalt, Hohenbaden, Wirtemberg) oder nach deutschen Stämmen (Bayern, Hessen, Sachsen, Thüringen) benannt wurden.

Sachsen

Das ursprüngliche Sachsen erstreckte sich etwa vom Niederrhein bis zur unteren Elbe über Westfalen sowie Niedersachsen bis nach Schleswig-Holstein, erfasste auch die Altmark und den Harz. Das Gebiet gliederte Karl der Große kurz vor 800 in mehreren Kriegen in das Reich ein, das die Franken 300 Jahre früher auf den Resten des Weströmischen Staates in Nordgallien errichtet hatten. Die Sachsen waren ein germanisches Volk wie die Franken. Diese dehnten ihr Reich schnell aus. Sie hatten vor den Sachsen seit etwa 500 schon andere germanische Völker, darunter Alemannen (Schwaben), Bayern, Thüringer, Friesen und Hessen unterworfen. 843 teilten die Enkel Karls des Großen ihren Staat. Während sich dessen Westen zu Frankreich entwickelte, ging aus dem Ostfrankenreich bis zum 11. Jahrhundert das deutsche Königreich hervor. Die genannten germanischen Völker bildeten nun deutsche Stämme. „Deutsch" bedeutet „volksgemäß" bzw. „nach Art des Volkes". Das bezog sich seit der Zeit Karls des Großen in der Form *theodiscus* auf die Dialekte der Germanen, im 9. Jahrhundert als *Teutisci* auf die Menschen, die so sprachen und seit 843 im Ostfrankenreich lebten. Zum Adjektiv *theodiscus* gab es im 4. Jahrhundert in der Sprache der Goten, eines anderen germanischen Stammes, das Wort *thiuda* für Volk. Seit dem 11. Jahrhundert bezeichnete man auch den vorher ostfränkischen König und dessen Reich als „deutsch":

rex Teutonicorum (erstmals 1020), König der „Deutschen". Inzwischen hatte *teutonicus*, abgeleitet vom germanischen Stamm der um 100 vor Christus belegten Teutonen, das Wort *theodiscus* verdrängt. Um 1080 hieß Deutschland in einer auf Mittelhochdeutsch verfassten Quelle *Diutschiu lant*.

Im 9./10. Jahrhundert entwickelte sich bei den Sachsen ein Herzogtum, das bis 1180 bestand. In diesem Jahre setzte Kaiser Friedrich I. Barbarossa den letzten Herzog dieses Gebietes, Heinrich den Löwen aus dem Hause der Welfen, ab. Der Titel eines Herzogs von Sachsen kam an den Grafen Bernhard von Aschersleben und Anhalt, den jüngsten Sohn Albrechts des Bären. Bernhard beherrschte aber nur Randbereiche des alten Stammesgebietes. Nachdem er 1212 gestorben war, übernahm der ältere Sohn Heinrich als Graf und Fürst (der zweite Titel erscheint urkundlich erstmals 1215) von Anhalt (1212–ca. 1250) die askanischen Stammlande zwischen Harz und Mulde. Dessen jüngerer Bruder Albrecht regierte als Herzog von Sachsen (1212–1261) vor allem den Raum um Wittenberg an der Elbe. Infolge der 1227 von Dänemark verlorenen Schlacht bei Bornhöved (in der Nähe von Segeberg) erlangte er auch den Raum um Lauenburg (bei Hamburg). Dort herrschte ein Zweig seiner Nachkommen bis zum Aussterben 1689 als Herzöge von Sachsen (Lauenburg), da es bei den askanischen Herzögen von Sachsen seit 1295/96 eine Wittenberger und eine Lauenburger Linie gab. Den Wittenbergern gelang wie den Markgrafen von Brandenburg der Aufstieg in das Kollegium der sieben Kurfürsten.

Als die Wittenberger Linie der Askanier 1422 ausstarb, hofften ihre Lauenburger Verwandten, aber auch Markgraf Friedrich I. von Brandenburg (1415–1440) aus dem Hause Hohenzollern, auf das Herzog- und Kurfürstentum Sachsen (Wittenberg). Doch inzwischen hatte sich sein früher gutes Verhältnis zu

König Sigismund (1410/11–1437), der Friedrich 1415 zum Markgrafen und Kurfürsten von Brandenburg gemacht hatte, wegen danach ausgebrochener politischer Differenzen abgekühlt. Der Herrscher ignorierte auch die Forderung der askanischen Herzöge von Sachsen (Lauenburg) nach dem Erhalt des Herzog- und Kurfürstentums Sachsen (Wittenberg) und belehnte damit 1423 Markgraf Friedrich den Streitbaren von Meißen (1381–1428) aus dem Hause Wettin. Dessen Vater und die Mutter des ersten brandenburgischen Hohenzollern waren Geschwister. Da die herzogliche und die kurfürstliche Würde vor dem Markgrafentitel rangierten, erfasste der Name „Sachsen" in der Folge alle Lande der Wettiner. Diese bildeten 1485 eine ernestinische und eine albertinische Linie. Nach der Schlacht bei Mühlberg 1547 verloren die Ernestiner das Wittenberger Gebiet mit der daran haftenden Kurwürde an die Albertiner und wurden auf ihre Lande in Thüringen beschränkt, die sie immer wieder teilten. Den Namen dieser Kleinstaaten stellten sie „Sachsen" voran. So bestanden im ernestinischen Thüringen bis 1918 die Herzogtümer Sachsen-Weimar und Eisenach (seit 1815 Großherzogtum), Sachsen-Altenburg, Sachsen-Coburg und Gotha sowie Sachsen-Meiningen.

Aus der Mark Meißen entwickelte sich das Herzog- und Kurfürstentum, ab 1806 Königreich Sachsen, das 1815 einen großen Teil seiner nördlichen Teile an Preußen abtreten musste und auch bis 1918 existierte.

Pfalzen

Damals zogen Könige und Fürsten ständig durch ihre Länder, z. B. zu Hoftagen. Diese beriefen die Herrscher ein, um wichtige Angelegenheiten der einzelnen Gebiete mit den dortigen Großen zu beraten, Gericht zu halten, unbotmäßige Vasallen zu bestrafen und treue zu belohnen. Neben Bischofssitzen dienten Pfalzen wie Tilleda, Werla, Allstedt u. a. den Königen, deren Gefolge Hunderte Personen umfassen konnte, auf solchen Reisen für Tage oder Wochen als Unterkunft. Sie waren befestigt, enthielten Gemächer für den Herrscher und seine Familie, eine Halle für Versammlungen, Gelage und Gerichtssitzungen sowie eine Kirche. Dazu kamen Werkstätten zur Herstellung und Ausbesserung der Kleidung, Schmieden zum Beschlagen der Pferdehufe sowie zur Reparatur von Waffen, Rüstungen und Werkzeugen, Back-, Brau- und Vorratshäuser, Stallungen, Brunnen sowie Unterkünfte für Handwerker, Diener, Köche usw. „Pfalz" ist eine „Eindeutschung" des damals in den lateinisch geschriebenen Urkunden und Chroniken gebrauchten Begriffs *palatium*. Dieser leitet sich vom Palatin ab, einem der sieben Hügel Roms, auf dem in der Antike die Residenz der Kaiser lag. Auch die Wörter „Palast" (französisch „Palais") und „Palas" – für das Hauptgebäude einer größeren Burg – stammen daher.

Literatur

Helmut Assing: *Brandenburg, Anhalt und Thüringen im Mittelalter. Askanier und Ludowinger beim Aufbau fürstlicher Territorialherrschaften*. Zum 65. Geburtstag des Autors hg. von Tilo Köhn/Lutz Partenheimer/Uwe Zietmann, Köln/Weimar/Wien 1997.

Clemens Bergstedt: *„Ein Festungsturm im Angesicht des Feindes". Zur Frühgeschichte des Bistums Havelberg*, Berlin 2000.

Hans-Joachim Fey: *Reise und Herrschaft der Markgrafen von Brandenburg (1134–1319)*, Köln/Wien 1981.

Stephan Freund/Gabriele Köster (Hg.): *Albrecht der Bär, Ballenstedt und die Anfänge Anhalts*, Regensburg 2020.

Hans-Otto Gaethke: *Herzog Heinrich der Löwe und die Slawen nordöstlich der unteren Elbe*, Frankfurt am Main 1999.

Joachim Herrmann (Hg.): *Die Slawen in Deutschland. Geschichte und Kultur der slawischen Stämme westlich von Oder und Neiße vom 6. bis 12. Jahrhundert. Ein Handbuch*. Neubearbeitung, Berlin 1985.

Hans-Dietrich Kahl: *Slawen und Deutsche in der brandenburgischen Geschichte des zwölften Jahrhunderts. Die letzten Jahrzehnte des Landes Stodor*, Köln/Graz 1964.

Michael Lindner: *Jacza von Köpenick (ca. 1125/30–1176). Ein Slawenfürst des 12. Jahrhunderts zwischen dem Reich und Polen. Geschichten aus einer Zeit, in der es Berlin noch nicht gab*, Berlin 2012.

Michael Lindner/Gunnar Nath (Hg.): *Köpenick vor 800 Jahren. Von Jacza zu den Wettinern. Archäologie – Geschichte*, Berlin 2014.

Ingo Materna/Wolfgang Ribbe (Hg.): *Brandenburgische Geschichte*, Berlin 1995.

Christina Meckelnborg: *Tractatus de urbe Brandenburg. Das älteste Zeugnis brandenburgischer Geschichtsschreibung. Textanalyse und Edition*, Berlin 2015.

Claudia Maria Melisch: *Die Ausgrabung am Petriplatz. Ergebnisse der archäologischen Untersuchung*. In: *Der Petriplatz in Berlin-Mitte. Archäologisch-historische Studien* (Beiträge zur Denkmalpflege in Berlin 55). Hg. vom Landesdenkmalamt Berlin, Berlin 2021, S. 17–93.

Christoph Mielzarek: *Albrecht der Bär und Konrad von Wettin. Fürstliche Herrschaft in den ostsächsischen Marken im 12. Jahrhundert*, Wien/Köln/Weimar 2020.

Eduard Mühle: *Die Slawen im Mittelalter zwischen Idee und Wirklichkeit*, Wien/Köln/Weimar 2020.

Joachim Müller/Klaus Neitmann/Franz Schopper (Hg.): *Wie die Mark entstand. 850 Jahre Mark Brandenburg*, Wünsdorf 2009.

Eckardt Opitz (Hg.): *Askanier-Studien der Lauenburgischen Akademie*, Bochum 2010.

Lutz Partenheimer: *Albrecht der Bär. Gründer der Mark Brandenburg und des Fürstentums Anhalt*, Köln/Weimar/Wien 2001 (2. Aufl. 2003, Nachdruck Potsdam 2016).

Lutz Partenheimer: *Die Entstehung der Mark Brandenburg. Mit einem lateinisch-deutschen Quellenanhang*, 1. und 2. Aufl. Köln/Weimar/Wien 2007 (Nachdruck Potsdam 2016).

Lutz Partenheimer/André Stellmacher (Hg.): *Das Landbuch der Mark Brandenburg von 1375/76*. 1. – allgemeiner – Teil nach der Edition von Johannes Schultze (1940), Lateinisch – Deutsch, Potsdam 2020.

Wolfgang Podehl: *Burg und Herrschaft in der Mark Brandenburg. Untersuchungen zur mittelalterlichen Verfassungsgeschichte unter besonderer Berücksichtigung von Altmark, Neumark und Havelland*, Köln/Wien 1975.

Peter Riedel: *Mit Mitra und Statuten. Bischöfliches Handeln in der spätmittelalterlichen Diözese Brandenburg*, Berlin 2018.

Gerd Scharfenberg: *Dokumente zum Auszeichnungswesen Anhalts. Herzogtum – Freistaat – Bundesland Sachsen-Anhalt 1815–2018*, Dessau 2019.

Winfried Schich/Jerzy Strzelczyk: *Slawen und Deutsche an Havel und Spree. Zu den Anfängen der Mark Brandenburg*, Hannover 1997.

Eberhard Schmidt: *Die Mark Brandenburg unter den Askaniern (1134–1320)*, Köln/Wien 1973.

Johannes Schultze: *Die Mark Brandenburg*. Erster Band: *Entstehung und Entwicklung unter den askanischen Markgrafen (bis 1319)*, Berlin 1961 (4. Aufl., Nachdruck aller 5 Bände in einem Band, Berlin 2011).

André Stellmacher: *Die Herrschaft Lindow-Ruppin im Spätmittelalter zwischen Selbstbehauptung und Abhängigkeit.* Mit einer Regestensammlung und einem Siegelkatalog, Berlin 2020.

Personen- und Ortsregister

Bildnachweis

Karl-Heinz Meyer S. 12, 19; Historische Abbildungen/Verlagsarchiv S. 14, 16, 17, 26, 41, 47, 127; Lutz Partenheimer S. 15, 20, 31, 38, 71, 119, 131, 139; © Heinrich Stürzl CC BY-SA 4.0 S. 23; Staatsbibliothek Preußischer Kulturbesitz, Ms. germ. fol. 129, fol. 112r S. 29; Brunswyk CC BY-SA 3.0 S. 30; Kyffhäuser-Denkmal S. 32; Heiko Kolbe S. 33; Erwin Meier S. 34; PtrQs S. 35; Hans Hartung 1912 S. 36; Münzkabinett der Staatlichen Museen zu Berlin, Nr. 18201080/Aufnahme durch Lutz-Jürgen Lübke (Lübke & Wiedemann) S. 40; Bernd Fischer Brandenburgisches Landesamt für Denkmalpflege S. 45; Zentrum für Mittelalterausstellungen Magdeburg S. 46, 68; Landesarchiv Sachsen-Anhalt, Abteilung Magdeburg, Cop. 390, Bl. 57v S. 53; Winfried Korf, in: Eckard Opitz (Hg.): Askanier-Studien der Lauenburgischen Akademie, Bochum 2010, S. 140 S. 63; Matthias Lindemann S. 65, 119, 126; Stiftung Kloster Jerichow S. 66; Andreas Augstein CC BY-SA 4.0 S. 72; Archiv der Geschichtswerkstatt Aschersleben S. 75; Stadtarchiv Goslar, Urkunde Domstift Nr. 20 S. 99; Archiv Bodendenkmalpflege des Landesdenkmalamtes Berlin, Fotos Hans-Peter Vietze S. 104, 105; Werner Eifrig S. 109; Domstiftsarchiv Brandenburg, U 3, U 4 S. 113; © Jaqueline Steiner | Domstift Brandenburg – Dom St. Peter und Paul Westfassade S. 117; Stadtgeschichtliches Museum Spandau S. 118; J.-H. Janßen CC BY-SA 4.0 S. 127 (Abb. 41); Umschlag: Abbildungen Karl-Heinz Meyer (Schloss Ballenstedt), Ralf Zimmer (Gedenkprägung)

Der Autor

Geboren am 9.3.1957 in Berlin, aufgewachsen in Eichwalde, 1975 Abitur in Königs Wusterhausen, 1975–1978 NVA, 1975–1982 Studium (Geschichte und Germanistik) an der Pädagogischen Hochschule Potsdam, dort 1988 Promotion bei Helmut Assing, Wissenschaftlicher Mitarbeiter an der Professur Geschichte des Mittelalters am Historischen Institut der Universität Potsdam.

Literatur:

Lutz Partenheimer: Albrecht der Bär. Gründer der Mark Brandenburg und des Fürstentums Anhalt. Köln/Weimar/Wien 2001; ders.: Die Entstehung der Mark Brandenburg. Mit einem lateinisch-deutschen Quellenanhang. 1. und 2. Aufl. Köln/Weimar/Wien 2007.

Lutz Partenheimer/André Stellmacher: Die Unterwerfung der Quitzows und der Beginn der Hohenzollernherrschaft über Brandenburg. Potsdam 2014.

Lutz Partenheimer/André Stellmacher (Hg.): Das Landbuch der Mark Brandenburg von 1375/76. 1. – allgemeiner – Teil nach der Edition von Johannes Schultze (1940), Lateinisch – Deutsch, Potsdam 2020.

Albrecht der Bär